KB271896

너의 꿈을 대한민국에 가두지 마라

너의 꿈을 대한민국에 가두지 마라

초판 5쇄 펴낸 날 2011년 12월 16일 **지은이** 김동수 **펴낸이** 박설림 **펴낸곳** 도서출판 재인 **디자인** 오필민
등록 2003. 7. 2 제300-2003-119 **주소** 서울시 강남구 도곡동 467-6 대림아크로텔 1812호 **전화** 02-571-6858 **팩스** 02-571-6857

ISBN 978-89-90982-25-4 03320 Copyright ⓒ 김동수, 2008 Printed in Korea.

책값은 뒤표지에 있습니다. 잘못된 책은 바꿔 드립니다.

너의 꿈을
대한민국에
가두지 마라

김동수 지음

세계 초일류 기업 듀폰의 김동수 아시아 · 태평양 회장이 말하는 글로벌 인재의 조건

재인

1997년 IMF 경제 위기가 발생했을 때, 경제 부처 장관을 맡고 있던 분이 탄식과 함께 넋두리하는 소리를 들었다.

"만일 우리나라에도 세계 시장에 내놓을 수 있는, 글로벌 경쟁력을 갖춘 경영자가 단 한 명만 있었어도 이런 경제 위기를 맞지 않았을 텐데……."

나는 이 말에 곧장 반박했다.

"우리나라에는 세계 어디를 가더라도 당당하게 맞설 수 있는, 글로벌 경쟁력을 갖춘 경영자가 최소한 100명은 있습니다."

그분은 눈이 휘둥그레져서 물어 왔다.

"그런 분들이 어디 있다는 말씀입니까?"

내 대답은 다음과 같았다.

"다국적 기업의 본사나 한국 지사, 아시아·태평양 지사나 제3국에서 활동하고 있는 한국 경영자들이 줄잡아서 100명은 될 것입니다. 이들은 세계적인 기업에서 한국인이라는 제약 조건을 극복하고 동료들과 당당하게 경쟁해 가면서 자신의 역할을 맡고 있습니다."

답변하는 내 머릿속에는 외국 기업의 한국 경영자 100여 명 중 대표적인 존재로 듀폰의 김동수 회장이 떠올랐다.

홍역은 한 번 앓고 나면 면역 항체가 생겨서 좀처럼 다시 앓지 않는다. 그러나 나라의 경제 위기는 한 번 겪었다고 해서 면역성이 생겨 그 나라에 비슷한 경제 위기가 다시 오지 않는다고 장담할 수 없다. 1997년의 경제 위기는 비슷한 형태, 또는 전혀 다른 형태로 언제든지 한국 경제를 강타할 수 있는 것이다.

언제 또 닥칠지 모르는 국제적인 경제 위기에 대비하는 지름길은 한국에 글로벌 경쟁력을 갖춘 기업, 그리고 그러한 기업을 이끌어 가는 CEO를 다수 갖추는 일이다. 김동수 회장 같은 분이 100명, 아니 10명만 있어도 한국 경제는 쉽게 위기에서 탈출할 수 있다.

김동수 회장은 한국보다 해외에서 더 많이 알려진, 그야말로 대한민국을 대표하는 글로벌 CEO이다. 아시아적인 가치와 글로벌 스탠더드를 동시에 지닌 통찰력 있는 CEO로서 그가 무엇보다도 강조하는 것은 "Box Breaking", "당신을 가둔 상자를 깨고 더 크고 넓은 세상으로 나아가라"는 것이다. 그의 이런 외침이 공허하지 않은 이유는 그가 한국에서 고등학교를 졸업한 후 단돈 50달러를 쥐고 미국 유학길에 올라 길고 긴 글로벌 여정 끝에 오늘에 이른 사람이기 때문이다.

그의 인생은 한마디로 도전과 성장의 연속이었다. 엔지니어로서, 동양인으로서 자신의 영역을 넘어서는 일이 주어졌을 때, 그는 물러서지 않고 도전했고, 스스로를 성장시켰다.

이 책에는 김동수 회장이 글로벌 CEO로 성장하기까지의 소중한 경험과 '원칙'을 중시하는 그의 경영 철학이 고스란히 담겨 있다. 그 중에서도 김 회장이 가장 강조하는 것은 사람 경영이다. 내가 어느 방송 프로그램의 인터뷰 진행자로서 그를 만났을 때, 그는 자기 시간의 50퍼센트를 인재 양성에 쏟고 있다고 이야기했다. 그는 대한민국의 인재들을 글로벌 리더로 키워 내겠다는 꿈을 한 단계 한 단계 실행해 나가고 있고, 그 단계 중 하나가 바로 이 책을 집필하는 일이었다.

제2의 김동수 회장을 꿈꾸는 젊은이들에게 그의 한 마디 한 마디는 무엇을 통해서도 얻을 수 없는 값진 교훈이 될 것이다.

— 조동성, 서울대학교 경영대학 교수

세상은 지금 글로벌화라는 거대한 변화의 물결에 휩싸여 있다. 이런 상황에 대처하기 위해서는 세계적인 경쟁에서 이길 수 있는 의지와 역량을 갖추어야 한다. 이 책은 김동수 회장 자신의 경험을 바탕으로 글로벌 인재가 되기 위한 비법을 알기 쉽게 설명하고 있다. 이 책을 통해 많은 젊은이들이 글로벌 리더로 성장하기 위한 지혜와 용기를 갖추기를 기대한다.

— 조석래, 전국경제인연합회 회장

 세계와 호흡하는 글로벌 코리아를 만드는 것이다. 이것은 우리나라가 힘차고 당당하게 선진국의 문턱을 넘어설 수 있는 지름길이기도 하다. 그러기 위해서는 무엇보다도 우리의 시야를 넓혀 더 넓은 세상을 바라보면서 창조적이고 열린 자세로 세계와 긴밀한 관계를 유지해 나가는 것이 중요하다. 김동수 회장은 그 누구보다도 앞서서 세계로 향한 문을 활짝 열고 나아가 글로벌 무대에 우뚝 선 사람이다. 앞으로 우리 젊은이들이 글로벌 리더로 성장하는 데 그의 발자취는 매우 중요한 이정표가 될 것이다. 다음 세대에는 그와 같은 글로벌 코리언이 무수히 많아지기를 마음 깊이 바란다.

── 유명환, 외무부 장관

 마음에서 우러난 사랑과 존경, 신뢰를 받는 위대한 경영자를 만나는 것은 가슴 벅찬 일이다.

내가 만나 본 김동수 회장이야말로 바로 그런 분이었다.

이 책에는 그가 30년 글로벌 경영 현장에서 몸소 터득한 살아있는 지혜와 교훈들이 넘쳐난다. 글로벌 엘리트를 꿈꾸는 젊은이들에게 그 무엇과도 비교할 수 없는 최고의 교과서가 될 것으로 믿는다.

── 조영탁, 휴넷 대표

바란다'는, 아버지 같은 자상함과 조국에 대한 뜨거운 애국심으로 가득 차 있어 매우 감동적이다.

이 책에서 그는 자신의 체험을 통해 'Challenge(도전)' 'Communication(소통)' 'Principle based thinking(원칙 중심의 사고)'이 어떻게 보편적이고 중요한 가치를 갖는지를 진지하게 설명하고 있다. 매우 뛰어난 인생론이요 리더십 철학이다. 일본의 젊은 세대에게도 권유하고 싶은 책이다. 김동수 회장의 그간의 인생과 견식에 대한 경의를 담아 책 발간에 축하 인사를 보낸다.

— 사카키바라 사다유키(榊原定征), 일본경단련 부회장.
도레이 주식회사 대표 이사 CEO

차례

3장 도전, 소통, 원칙 — 글로벌 인재의 세 가지 성공 원칙

6장 내일의 주인공들에게

프롤로그

2년 전 도쿄에서 서울 역삼동으로 사무실을 옮긴 후, 근처의 로펌에서 일하는 오랜 친구와 종종 점심을 하곤 했다. 나는 지난 30여 년의 대부분을 외국 회사에서 근무했고, 그 친구는 사법 시험에 합격한 후 줄곧 한국 법조계에서 근무했던 터라, 서로의 얘기가 낯설면서도 새겨들을 만한 구석이 많았던 모양이다. 한번 만나면 시간 가는 줄 모르고 끝없이 얘기를 나누곤 했다.

어느 날 그 친구가 불쑥 "책 한 권 써 보지 그래." 하며 뜬금없는 소리를 하는 것이었다. 나는 글재주도 없고 시간도 없을뿐더러 책은 아주 유명한 사람이나 쓰는 것이라고 생각했으므로 그의 말을 예사롭게 흘려버렸다.

그 후에도 몇 번 책 얘기가 나왔지만 별로 진지하게 생각해 본 적이 없었다.

그러다가 얼마 전 그 친구가 다시 책 얘기를 꺼냈다. 이번에도 내가 손사래를 치자 그가 물었다.

● 너의 꿈을 대한민국에 가두지 마라 ●

"자네 아들 있지?"

"있지. 왜, 중매라도 서려고?"

"아들이 자네 말 잘 들어?"

"요즘 애비 말 잘 듣는 아들도 있나?"

허허 웃는 내게 그가 정색을 하고 말했다.

"책을 써. 그러면 아들이 읽을 거야."

이 말이 나에게 상당한 자극이 되었다.

나는 지난 21년간을 205년의 역사를 가진 세계의 대표적인 화학 기업 듀폰에서 일했다. 그중에서 12년은 회사의 임원으로 근무하면서 글로벌 매니지먼트를 경험할 수 있었고, 특히 지난 10년간은 미국 본사 19개 사업부 중 하나인 부직포 사업부 책임자(VPGM)와 아시아 · 태평양 본부 회장으로 일하며 많은 실적을 쌓기도 했다. 그리고 듀폰에 근무하기 전에는 국내 기업의 핵심 부서에서 관리 담당 임원으로 일한 적도 있다.

이런 여러 가지 경험을 돌아보며 한국의 젊은이들과 나누고 싶은 이야기가 많았던 것도 사실이다.

특히 요즘 같은 글로벌 시대에는 나라나 회사뿐만 아니라 개개인의 글로벌 마인드가 절실히 요구되고, 이것이 국민 소득 4만 달러 시대를 여는 데 필수적인 요건이라고 생각하던 터라, 큰마음 먹고 내 아들 같은 우리 젊은이들께 보내는 글을 한번 써 보자고 작정하였다.

생각해 보면, 내가 출세를 하기는 했다. 아시아의 한쪽 끝, 그것도 식민지에서 막 벗어난 가난한 나라 출신의 평범한 소년이 글로벌 기업 듀폰의 아시아 태평양 지역 CEO가 되어 14개국 1만여 명의 직원을 리드하게 되었으니 말이다. 205년 듀폰의 역사에서도 아시아 인이 이 같은 위치에 오른 것은 처음 있는 일이다.

이제 나의 이런 작은 성공담을 대한민국의 젊은 인재들과 나누면서 그들에게 희망과 자극을 주고 싶다는 것이 솔직한 나의 심정이자 소망이다.

나는 요즘 젊은이들을 만날 때마다 "Break the Box!"라는 말을 자주 한다. 자신이 안주해 있는 'Comfort Zone(안전지대)'을 벗어나 좀 더 넓은 세상, 높은 목표를 향해 나아가라는 뜻이다. 인간은 원래 자신의 영역에 울타리를 치고 그것을 방어하려는 본능이 있다. 그러나 이러한 방어 본능이 때로는 개인의 발전에 장애물로 작용하기도 한다. 다른 사람이 들어오는 것을 차단하려는 방어벽이 자신의 성장을 가로막기도 한다는 말이다.

오늘날과 같이 빠르게 변하는 사회에서 성장하지 못하는 것은 그대로 머무는 것이 아니라 도태됨을 의미한다. 그것은 개인뿐만 아니라 국가도 마찬가지다. 전 지구가 하나의 경제권으로 통합되어 가는 글로벌 사회에서 내 것을 잃을까 봐 문을 꼭꼭 걸어 잠그고 안으로 안으로만 숨어들다가는 주도권을 빼앗기고 3류 국가로 전락하기 십상이다. 21세기 대한민국이 성장하고 발전하려면 글로벌 마인드를 가진 인재들이 문을 활짝 열어젖히고 나아가 세계 무대의 주역으로 활약해야 한다.

그렇다면 글로벌 마인드란 무엇일까? 글로벌 인재란 어떤 사람일까? 어떻게 하면 글로벌 인재가 될 수 있을까?

나의 경험이 이런 질문의 답을 찾는 데 조금이라도 도움이 된다면 이 책을 쓴 큰 보람을 느낄 것이다.

나에게 사랑을 가르쳐 주신 부모님과 끝없는 역경을 같이하고 격려해 준 아내, 그리고 미래를 이끌어 갈 주인공이 되기를 희망하는 내 딸, 아들, 사위, 손녀 성은에게 이 글을 바친다. 또한 삶의 고비마다 내가 내렸던 모든 결정들이 결국은 옳은 것이 되도록 늘 나에게 길을 열어 주고 인도하신 하나님께 감사의 기도를 드린다.

2008년 2월에

김동수

1장

두려움을 넘어

글로벌 세상으로

나아가라

중국 인재들을 보며 한국의 위기를 느끼다

2007년 7월 중순. 창밖을 바라보는 내 마음은 무겁기 그지없었다. 그룹 총수인 홀리데이 회장과 함께 전략 지역인 중국을 살피고 돌아오는 비행기 안에서였다.

이런 날이 벌써 오다니…….

나는 세계 최대의 화학 기업 듀폰 그룹의 아시아 · 태평양 본부 회장이라는 나의 직분도 망각한 채, 오직 한국과 한국인의 장래만을 걱정하고 있었다.

위기였다.

나의 걱정은 듀폰 중국 지사의 프레젠테이션 현장에서 시작되었다.

중국인 직원의 업무 현황 보고는 한마디로, 예상치 못한 충격이었다. 그들의 브리핑은 세계 곳곳에서 치열한 경쟁을 뚫고 선발된 듀폰 본사의 인재들을 방불케 했다. 중국 전역에 위치한 수십 곳 현지 공장의 현황을 일목요연하게 보고하면서, 한편으로는 중국 비즈니스가 처한 종합적인 상황을 완벽하게 꿰뚫어 설명했다. 표현은 간결했지만 무엇 하나 빠뜨리지 않고 세세하게 짚었다. 빠르고 당당한 설명 사이사이에 간간이 농담과 유머가 튀어나올 때는 나 역시 박장대소하지 않을 수 없었다. 흐름을 깨지 않으면서 핵심을 뚜렷이 부각시키는 유머를 구사하는 그들.

브리핑이 끝나자 홀리데이 회장은 환하게 웃으며 "Excellent!"를 연발했다.

그럴 만도 했다. 누가 보아도 최고의 브리핑이었던 것이다. 나 역시 감탄해 마지않으며 진심 어린 박수를 보냈지만, 마음 한구석이 무거워지는 것만은 어쩔 수 없었다.

5년 전하고 이렇게 다를 수가 있나……

지난 2002년, 대한민국이 한창 월드컵 열기에 휩싸여 있던 그때만 해도 듀폰 그룹 내에서 한국인 직원과 중국인 직원은 별 차이가 없었다. 아니, 오히려 한국인 직원이 더 유능해 보일 때가 많았고 중국인 직원은 종종 2류로 보이기도 했다. 하지만 5년 만에 상황은 역전되었다. 한국인 직원 가운데 그 정도로 프레젠테이션을 할 수 있는 사람은 흔치 않았다.

이런 상황이 내가 몸담고 있는 회사에만 국한된 것이기를 바라는 마음 간절하지만, 전 세계적으로 19개 사업부를 거느린 데다 6만여 명이 일하고 있는 듀폰이라는 그룹은 세계 비즈니스 현장의 축소판이라고 해도 과언이 아닐 것이다. 2007년 7월, 나는 글로벌 인재 경쟁에서 중국이 한국을 따라잡기 시작했다는 사실을 두 눈으로 확인

　　　　　　　　　　　　● 너의 꿈을 대한민국에 가두지 마라 ●

했다.

'IMF가 문제가 아니다. 이대로 가다가는 대한민국에 정말 큰 위기가 닥칠지도 모른다!'

내가 듀폰 아시아·태평양 본부 회장으로 취임한 것이 1998년. 당시만 해도 한국은 IMF 사태의 원인이 된 금융의 낙후성이 문제였을 뿐 여전히 괜찮은 경쟁력을 가진 아시아의 강자였다. 동남아시아는 말할 것도 없고, 중국이나 인도에 견줘 봐도 손색없는 아시아의 2등이었다. 나는 그때 한국이 글로벌 스탠더드를 충족시킬 수 있는 '고품질' 인재만 키워 낸다면 아시아를 넘어 세계로 도약할 수 있을 것이라고 생각했다.

10년이 흐른 지금, 상황은 변했다. 동북아시아, 동남아시아, 오세아니아, 인도 아대륙에 두루 걸친 세계 비즈니스의 가장 뜨거운 성장 블록 아시아 태평양에서 한국은 이제 값싼 노동력이나 생산 능력으로 승부할 수 있는 처지가 아니다. 중국과 인도는 거대한 자체 시장과 풍부한 자원을 기반으로 이미 세계의 공장 노릇을 하고 있다. 중국의 임금이 오른다 해도 베트남이나 캄보디아 같은 나라가 뒤를 이을 준비를 하고 있다. 이제 한국과 한국인은 오스트레일리아나 뉴질랜드, 일본이 차지하고 있는 위치에 올라서야만 자기 위치를 지켜 낼 수 있는 것이다. 성장하지 못하면 추락하고 만다!

사실 지난 10년은 한국이 글로벌 인재를 키울 수 있는 절호의 기회였고 그래야만 했다. 어떻게 보면 한국이 아시아에 속해 있다는 사실은 한국으로서는 커다란 이점이기도 했다. 서구 문명의 세례를 받은 오스트레일리아 및 뉴질랜드에서 동아시아 문명의 극단인 한국이나 일본에 이르기까지 다양한 문화적 스펙트럼. 기독교에서 힌두교, 이슬람교, 불교, 가톨릭, 유교에 이르는 종교의 다양성. 서로 다른 기후와 풍토, 언어……. 유럽이나 미주 대륙과는 비교할 수 없을 만큼 복잡하고 역동적이며 각종 문명, 문화, 인종, 언어가 부글부글 끓고 충돌하면서 융합하는 글로벌 가마솥이 바로 이곳이다.

200년이 넘는 역사를 지닌 듀폰에게도 이 지역은 미래를 담보해 줄 성장 엔진으로 자리 잡았다. 지금으로부터 10년 전, 그러니까 내가 아시아·태평양 본부의 책임자로 임명될 당시만 해도 한국의 IMF 사태를 비롯해 아시아에 불어닥친 위기로 인해 이곳의 비즈니스를 접고 철수해야 한다는 의견이 일었다. 그러나 10년이 지난 지금은 14개국에서 1만여 직원이 6조 원 규모의 비즈니스를 꾸려 가며 글로벌 기업 듀폰의 성장을 견인하고 있는 것이다.

나는 일 년의 절반 이상을 아시아 태평양 지역 곳곳을 돌며 다양한 얼굴, 다양한 언어의 사람들과 만나 그들의 이야기를 듣고, 문제를 점검하고, 새로 인재를 채용하고, 계획을 세우며, 미래를 설계한다. 서울 역삼동에 나를 위해 준비된 사무실이 있지만, 그곳은 때때로 내가 잠시 숨을 돌리는 공간일 뿐, 그 어느 나라 어느 곳이든 나의 조그만 노트북이 놓이면 그곳이 바로 회장실이요, 듀폰 아시아 태평양의 가장 중요한 결정이 내려지는 곳이다.

매년 12월이면 이미 다음 해 절반가량의 일정이 잡힌다. 그리고 그 일정에 따라 끊임없이 각 나라를 돌며 사람을 만나고 또 만난다. 지난 10년을 그렇게 지내오면서 서서히 변해 가는 아시아의 모습을 누구보다 자세히 목격할 수 있었다.

우수한 IT 인력을 기반으로 미국 등 선진국의 엄청난 투자를 유치하면서 최근 4년간 평균 8퍼센트가 넘는 경제 성장률을 기록하고 있는 인도. 사회주의 계획 경제를 청산하고 소위 사회주의 시장 경제를 채택하면서 각종 정부 규제가 느슨해지고 투자 환경이 개선되어 눈부신 성장을 이룩하면서 세계를 놀라게 하고 있는 중국.

이들이 성장하는 모습은 마치 꿈틀대며 진화하는 한 마리의 생물을 보는 듯하다. 그런 그들을 바라보면서 가슴 두근거리는 흥분을 느끼기도 하지만 또 한편으로는 왠지 모를 불안과 두려움, 답답함을 떨칠 수가 없다. 지난 10년 동안 우리는 무얼 했는가. 이러다가 2류 국가로 전락하는 것은 아닐까.

이런 걱정을 하는 나는 어쩔 수 없는 한국인이다.

두려움을 버리고
글로벌 세계로
나서자

글로벌화(Globalization)란 과연 무엇일까?

기업인의 입장에서 간단하게 요약해 보면, 이전에 국가 단위로 쪼개져 있던 전 세계 시장이 하나로 통합되고 그 속에서 인적, 물적 자원이 자유롭게 이동하고 흘러 다니는 것이라고 할 수 있다. 어찌 보면 참 단순한 개념이다. 이것을 바탕으로 생각해 보면 글로벌 경쟁, 글로벌 인재, 무엇 하나 복잡할 것이 없다.

우리끼리 경쟁하며 일등을 놓고 다투는 것이 아니라 전 세계를 대표하는 선수들이 한자리에 모여 한판 승부를 벌이는 것이 바로 글로벌 경쟁이다. 스포츠로 치면 전국 체전과 올림픽의 차이라고 할까? 관객으로서는 수준이 한층 업그레이드된 경기를 관람할 수 있으니 신 나고 흥분되는 일이기도 하다. 우리 선수가 최고인 줄 알았는데, 듣도 보도 못 한 현란한 기술을 펼치며 우리 선수를 제치고 선두로 나서는 외국 선수도 눈에 띈다. 분하기 이를 데 없지만, 한편으로는 수준 높은 기술에 안목이 트이고 다음엔 수준을 한층 높여 승부하리라는 의욕도 솟구친다.

글로벌 인재란 전 세계 어디를 가도 '통하는', 한마디로 글로벌 스탠더드를 갖춘 인재를 말한다. 우리 동네에서나 통하는 우물 안 개구리가 아니라 전 세계인과 소통하며 그들에게 최고의 상품과 서비스를 제공하는 사람, 그럴 만한 실력을 갖춘 사람이 바로 글로벌 인재다.

사실 대한민국은 세계 어느 나라와 견주어 봐도 글로벌 인재를 길러 내기에 부족함이 없는 환경을 갖추고 있다. 초고속 인터넷 보급률은 가구 대비 90퍼센트 선을 넘었다. 해외 사이트를 통해 세계 각국의 물건을 직접 구매하는 것은 물론이고, 각종 뉴스 사이트를 통해 실시간으로 전 세계를 손바닥 들여다보듯 할 수 있으며, 외국 영화나 드라마도 얼마든지 접할 수 있다. 또한 자식 교육에 목숨 거는 한국 부모들의 열성에 힘입어 유학생 수가 매년 급증하고 있으며, 순수 유학 목적으로 한국을 떠나는 초·중·고생만도 한 해 3만여 명에 이른다. 미국 이민국의 발표로는 2006년 현재 미국 내의 한국인 유학생 수가 10만 명에 육박하여 해외 유학생 중 가장 높은 비율을 차지한다고 한다. 그리고 세계 11위의 무역 대국답게 비즈니스를 목적으로 한국에 들어와 활동하는 외국인도 무수히 만날 수 있다. 글로벌 기업의 CEO에서 연예인에 이르기까지, 다양한 국가, 다양한 계층의 외국인들이 100만여 명이나 국내에서 활동하고 있다. 또한 자기 개발 열풍 속에서 직장인들은 영어, 중국어, 일본어 등 외국어 학습에 열중하고 있다.

　이런 조건들만 놓고 보면 대한민국은 지금쯤 글로벌 경쟁의 선두 주자로 나서서 승승장구하고 있어야 마땅하다. 하지만 어디를 둘러봐도 아직 그런 기색은 나타나지 않는다. 선두 주자로 나서기는커녕 나 자신조차 활짝 열어젖히지 못하고 머뭇거리고 있다. 우리를 가로막는 그 무언가가 있기 때문이다.

　그것은 바로 '두려움'이다.

나는 IMF 사태가 글로벌 세계에 대한 한국인의 뿌리 깊은 두려움을 자극했다고 본다.

　IMF 사태로 한국은 잠재적인 부실을 상당히 털어 냈지만, 한국인 중에는 IMF 경제 체제를 일본에 국권을 상실한 한일 병합이나 해방 직후 강대국들의 신탁 통치에 빗대어 말하는 사람이 있다. 외국 자본에 침탈당한 일종의 경제 식민지화라는 것이다. 우리가 이것을 통해 무엇을 얻고 무엇을 잃었으며 앞으로 무엇을 얻어 낼 수 있을까를 세세히 따지기에 앞서 그저 손에 쥔 과자를 빼앗길까 봐 전전긍긍하는 어린아이처럼 막연한 두려움에 선뜻 나서지 못하고 제 것만 움켜쥐려 하는 것이다.

　2007년 4월, 미국 버지니아 공대에서 세계를 경악시킨 끔찍한 사건이 일어났다. 한국계 미국인 학생 조승희의 총기 난사로 32명이 목숨을 잃었다. 그런데 그 사건 직후 보여 준 몇몇 한국인의 태도는 우리가 글로벌 세계에 대해 얼마나 무지하며 두려움을 갖고 있는가를 단적으로 드러내 주었다.

　　　　　　　　　　　　● 너의 꿈을 대한민국에 가두지 마라 ●

사건이 일어나자마자 일부 언론은 범인이 '한국인'이라는 것에 초점을 맞추어 소외된 한국인의 분노를 표출한 사건으로 몰아가는가 하면, 한국 정부가 공식적으로 사과를 해야 합네 마네 하면서 논쟁을 벌이기도 했다. 한국인에 대한 보복 테러를 우려하는 목소리도 있었다. 모든 것을 '우리' 대 '너희'로 나누는 이분법적 사고가 여기서도 작용한 것이다.

미국인들은 오히려 이런 반응에 어리둥절해했다. 이 사건을 '한국계 미국인'이 아니라 그저 '미국 시민 조승희' 개인의 문제로 보았기 때문이다.

어떻게 보면 공격적이기까지 한 우리의 대응 방식은 바로 '두려움'에서 비롯된 것이다. 그리고 이러한 두려움은 사실 그 뿌리가 깊다.

우리의 할아버지, 증조할아버지 세대는 '중국 믿지 말고, 러시아 멀리하고, 미국한테 속지 말고, 일본을 조심하라'는 말을 입에 달고 다녔다. 끊임없이 외세에 시달려 온 수천 년 역사를 살펴보면 이러한 태도는 당연한 것인지도 모른다. 그러나 이것은 내 것을 지키고 네 것을 빼앗지 않으면 살 수 없었던 시대의 이야기다. 이제 성벽은 허물어지고, 모든 것이 거침없이 들고 나고 흐르며 주고받아야 하는 세상에 살면서 아직도 과거와 똑같은 두려움 속에서 내 것만 지키려고 한다면 우리는 글로벌 세상의 왕따가 되고 말 것이다.

외국에 유학을 가 있는 한국 학생들 중에는 현지 학생들과 어울리지 못하고 수업 이외의 시간에는 저희들끼리 무리 지어 다니며 대부분의 시간을 보내는 부류가 적잖다고 한다. 40년 전, 내가 미국에 유학 갔을 때는 미국인들과 엉켜 살았다. 그럴 수밖에 없었고 그래야만 살아남을 수 있었다. 한국어는커녕 한국 사람 얼굴 보기도 쉽지가 않았기 때문에 기를 쓰고 영어를 해야만 필요한 것을 구하고, 밥을 먹고 살 수 있었다. 그런데 한국 학생도 많아지고 여러 가지 여건이 나아진 지금 오히려 그 좋은 기회를 제 발로 걷어차는 경우까지 있으니 안타깝기 짝이 없다. 말이나 배우고 학위나 따려고 외국에 나가는 것이 아닌데…….

중요한 것은 글로벌 문화와 글로벌 경쟁을 몸으로 부딪쳐 느끼고 배우는 것이다.

'알고 보면 사람 사는 거 다 비슷하다'는 말이 있다. 그러니 알려고 할 필요가 없다는 말이 아니라 두려움을 버리고 부딪쳐 직접 겪어 내라는 뜻으로 이 말을 받아들였으면 좋겠다.

막상 알고 나면 별것도 아닌데, 우리 한국인들은 지레 겁을 먹고 뒷걸음질치거나 눈치나 보며 겉도는 경우가 많다. 두려움은 우리의 모든 가능성을 닫아 버린다.

지금 생각해 보면 나는 내 인생에서 두려움에 맞닥뜨릴 때마다 정면 승부를 걸었던 것 같다. 고등학교를 갓 졸업하고 단돈 50달러를 들고 미국 땅을 밟았을 때. 듀폰이라는 글로벌 기업에 입사한 후 처음으로 미국 현지에서 수백 명의 백인 직원을 앞에 두고 연설해야 했을 때. 듀폰 아시아 · 태평양 본부 회장이라는, 내 능력으로는 감당하기 버거운 중책이 주어졌을 때.

사실, 그때마다 나는 되돌아서고 싶었다. 다리가 후들거리고 눈앞이 캄캄해지며 가슴이 터져 나갈 듯 두근거렸다. 하지만 결코 물러서지 않았다. 내가 스스로에게 가장 자랑스럽고 떳떳한 것이 있다면 두려움 앞에 무릎을 꿇지 않았다는 것, 바로 그것이다.

대한민국이 글로벌 세계에 당당히 나서서 강자들과 겨룰 때에도 가장 큰 적은 두려움이다. 지금 세상은 크다고, 오래되었다고, 유명하다고 무조건 통하는 세상이 아니다. 예를 들어 우리 듀폰만 해도 세계 최대의 화학 기업으로서 이 업계 1위의 강자지만, 중국 시장에서는 현지 기업들과 치열한 경쟁을 벌이고 있다. 현지 실정에 딱 맞는 제품, 그것도 이제는 저가만을 무기로 내세우지 않는, 향상된 품질을 들고 나오는 현지 업체들이 그저 만만하기만 한 상대는 아니다. 아니, 사실은 머리가 지끈지끈 아플 지경이다.

글로벌 세계에서 영원한 승자는 없다. 부딪쳐 보지도 않고 포기한다면 우리에게 기회는 영영 없다. 일단 부딪쳐 보면 깨질 때 깨지더라도 많은 것을 얻을 수 있고, 그것을 밑거름 삼아 한층 성숙하고 발전된 모습으로 거듭날 수 있다.

기회란 그렇게 찾아야 하는 것이다.

5천만 내수 시장으로는 미래의 풍요를 꿈꿀 수 없다

홈그라운드는 참 편안한 곳이다. 마치 엄마의 품속 같다. 늘 보아 오던 곳, 무엇 하나 낯설지 않다. 익숙한 언어, 익숙한 얼굴, 익숙한 문화. 상대방이 굳이 설명하지 않아도 척 보면 뭘 원하는지 다 안다. 그저 이렇게 어울려 살아가면 될 것 같기도 하다.

그러나 대한민국이라는 홈그라운드는 너무 좁다.

글로벌화된 경제의 가장 큰 특징 중 하나는 노동 집약적인 산업에서 자본 집약적인 산업으로 무게 중심이 이동한다는 것이다. 그리고 자본 집약적인 산업이 성장하려면 규모의 경제가 바탕이 되어야 한다.

예를 들어 막대한 비용을 투자하여 열 명 가운데 한 명이 구매할 만한 엄청난 히트 상품을 개발했다고 하자. 인구가 5천만이면 5백만 개를 팔 수 있다. 그러나 인구가 5억이라면 5천만 개를 팔 수 있다. 인구가 많으면 그만큼 투자 비용을 회수하기가 쉽기 때문에 비용을 많이 투자하더라도 리스크에 대한 부담을 덜 수 있는 것이다. 그러니 투자자 입장에서는 시장 규모가 투자를 결정하는 중요한 요소가 될 수밖에 없다. 투자를 해서 원금은 물론 적당한 이익을 챙길 수 있는 충분한 잠재력이 있다고 판단되어야만 투자가 이루어지는 것이다. 그러기에는 대한민국은 인구가 너무 적다.

좁은 곳에서 복닥거리며 서로 밥그릇 빼앗기 싸움을 하다 보면 힘만 들 뿐 별로 남는 것도 없고, 그러다 보니 각종 편법과 탈법, 속임수가 횡행하게 된다. 소비자 입장에서도 이것은 이로울 것이 없다. 활발한 투자가 이루어져 제품과 서비스의 질이 날로 향상되어야 생활의 질도 나아지는 것인데 모두들 제품 개발은 뒷전이고 정부 기관에 대한 로비나 소비자를 우롱하는 눈속임에만 급급하게 된다면 그로 인한 손해는 고스란히 소비자의 몫이 되는 것이다. 또한 기업의 투자가 위축되면 자연히 고용 기회도 줄어들고, 고용이 줄면 소비 수요도 줄어들어 투자가 더욱더 위축되는 악순환으로 이어진다. 일자리가 없고 소득이 없는데, 누가 미래를 꿈꿀 수 있을까?

경제 규모, 시장 규모는 그래서 중요한 법이다. 작은 마을보다는 큰 도시에, 문을 걸어 잠근 조그마한 나라보다는 모두 다 활짝 열어젖힌 세계 시장에 더 많은 가능성과 기회가 있다.

기업가들은 한 경제권의 인구가 1억은 되어야 활발한 투자 욕구와 안정적인 수익이 기대된다고 말한다. 다시 말해 혁신적인 기술이 개발되고, 합리적인 가격에 좋은 제품이 출시되어 고객의 소비 욕구를 자극할 수 있는 '선순환' 경제 구조가 형성되려면 적어도 인구가 1억 이상은 되어야 한다는 얘기다.

인구가 1억을 넘게 되면 규모의 경제 실현에 따른 선순환만 생기는 것이 아니다. 창조적 경제 발전에 필수인 다양한 소규모 상품과 실험적인 아이디어의 생존 가능성도 높아진다. 인구가 많다 보면 취향도 다양해져서 독특한 콘셉트의 상품이나 아이디어에도 관심을 갖는 사람들이 그만큼 늘어날 수밖에 없다.

이웃 나라인 일본이 우리보다 훨씬 안정된 경제 구조를 보유하게 된 것도 크고 든든한 내수 시장의 덕이 크다. 또 유럽이 유럽 연합이라는 공동체를 결성하여 단일 시장을 만들고 단일 화폐를 쓰면서 자꾸만 그 범위를 확대하는 것도 다 이런 '규모의 힘'을 발휘하기 위해서이다. 가까운 나라들끼리 블록을 형성하여 관세 장벽을 철폐하고 하나의 경제권으로 통합해 가는 것은 이제 전 세계적인 추세이다.

그렇다면 겨우 인구 5천만인 대한민국은 어떻게 해야 하나.

물론 우리도 인구 1억을 만들 방법이 없는 것은 아니다. 한반도가 통일되고 연변이나 연해주 쪽까지 한민족을 규합한다면 인구 1억 규모의 경제권을 형성할 수 있다. 하지만 가까운 시일 내에 실현되기를 기대하는 것은 좀 무리라는 생각이 든다. 그러니까 현실적인 방법은 아니다. 말 그대로 백년대계라고나 할까.

결국 우리에게 남은 길은 세계 시장에 뛰어드는 것뿐이다. 글로벌 마켓. 그곳이 우리가 향할 무대이다.

한 가지 다행스러운 것은 경제권이 통합되고 자본과 제품, 서비스가 활발하게 이동하면서 전 세계 소비자들의 기호와 수요가 웬만큼 비슷해졌다는 점이다. 한국도 고유의 문화를 지니고는 있지만 많은 부분이 서구 문화와 동질화되었듯이 다른 나라들도 문화적으로 우리와 무척 비슷한 환경에 놓인 경우가 많다. 이것은 제품 개발에도 매우 긍정적인 요인으로 작용할뿐더러 외국인을 상대로 비즈니스를 할 때에도 큰 이점이 될 수 있다.

이제 우리의 목표는 글로벌 시장이다.

Break
the
Box!

'마트료시카'라는 인형이 있다. 아마 '러시아 인형'이라고 하면 다들 "아~" 하고 고개를 끄덕거릴 것이다. 다산과 풍요를 상징하는 러시아의 민속 공예품인 이 인형은 하나를 열면 그 안에, 또 그 안에 겹겹이 같은 모양의 인형이 들어 있다.

꼭 이 인형처럼 사람들은 누구나 자신을 겹겹이 둘러싼 '상자' 속에서 살아간다. 그리고 대부분의 사람들은 자신이 갇힌 상자가 이 세상의 전부라고 생각하며 하루하루를 산다. 늘 같은 풍경을 바라보며 늘 하던 일을 하고 늘 만나는 사람을 만나고 늘 먹던 음식을 먹으며 늘 비슷한 생각을 한다. 때로는 답답하고 불만스러울 때도 있지만 생각해 보면 그나마 다행이다 싶기도 하다. 가끔 상자 밖에 멋진 세상이 있다는 소문이 들려온다. 어떻게 생겼을까 호기심이 생기지만 상자 밖으로 나가는 방법도 잘 모르거니와 불안하기도 하다. 그냥 이대로 있으면 편안하고 익숙하며 그런대로 먹고살 만한데, 어떤 곳인지도 잘 모르면서 굳이 고생해서 나갈 필요가 있을까? 혹시 지금만도 못하게 되는 것은 아닐까?

그러는 사이 상자는 자꾸만 굳어서 단단해진다. 처음에는 얇은 베니어판 같던 상자가 굳고 굳어서 끝내는 강철같이 단단해져 버린다. 그런데 살아 있는 '나'라는 존재는 자꾸 몸집이 커지고 변화한다. 이렇게 되면 상자 안의 생활도 편안하기보다는 고통스러워진다. 몸은 자꾸 커져서 답답한데, 바깥으로 나가지 않고 어떻게든 그 안에서 해결하려고 버둥대다 보니 '소모적인 고통'이 반복된다. 어느 날, 여기서는 별다른 희망이 없다는 것을 깨닫고 밖으로 나가 보려 하지만, 이미 굳어 버린 상자는 꿈쩍도 하지 않는다.

우리가 흔히 말하는 '성공한 사람'은 일찌감치 자신의 상자를 깨 버리고 상자 밖의 세상을 향해 나아간 사람이다.

사람은 자신이 보고 싶은 것만 보고 듣고 싶은 것만 들으려는 경향이 있다. 두려움에 사로잡혀 상자 밖 세상에는 눈과 귀를 막아 버린 채 상자 안쪽의 컴포트 존(Comfort Zone. 안전지대)에 안주하려 하는 것이다.

이런 '보통 사람들'과는 반대로, 상자 밖에 더 크고 좋은 세상이 있다는 것을 깨닫고 어느 날 자신의 상자를 깨 버리는 모험을 감행한 끝에 그 바깥세상으로 나아간 사람들이 성공에 이르는 것이다.

지금 대한민국은 상자 안에 스스로를 가둬 놓고 있다. 한국인들 역시 자신의 꿈을 좁디좁은 상자 안에 가둬 놓고 있다.

몇십 년 전, 우리는 스스로의 꿈을 이루기 위해 세계로 나아갔고 놀라운 성공을 거두었다. 우리가 만든 상품은 이제 세계 곳곳에서 대접을 받고 있으며, 덕분에 우리의 삶은 예전에 비해 풍족해졌다.

문제는 바로 거기에서 시작된다. 상품을 내다 팔아 외화를 벌어들이던 시대의 강렬한 성공 경험은 우리의 시야를 가로막는 두껍고 강력한 상자가 되어 버렸다. 글로벌 세계가 대한민국에 요구하는 것은 적당히 좋은 물건을 괜찮은 값에 많이 만들어서 파는 것이 아닌데, 우리가 잘하는 것은 여전히 그것밖에 없다.

아니, 우리는 거기에서 더 나아가고 싶어 하지 않는다. 글로벌 세계를 보아야 하는데, 옛 영광만 그리워하며 상자 안에서 눈과 귀를 막아 버리려고 한다.

대한민국은 사춘기의 열병을 앓고 있는 셈이다. 덩치는 커졌는데, 마음은 아직도 어른과 어린이 사이의 어딘가쯤에서 갈피를 잡지 못하는 부조화의 나라. 세계 10위의 경제 규모를 자랑하지만 글로벌 마인드는 그것을 따라가지 못한 채 정체성의 갈등을 겪고 있는 나라. 이런 상황은 글로벌 스탠더드라는 낯선 기준에 적응할 것을 구체적으로 요구받은 IMF 체제 이후 완전히 표면으로 드러났다.

한국은 1960년대에 산업화가 시작된 이후 여러 종류의 위기를 겪었지만, 1997년 IMF 사태만큼 우리 사회에 커다란 경제적 충격을 안긴 것은 없었다. 기업도 아니고 국가가 부도가 나다니!

하지만 따지고 보면 우리 경제가 그토록 참담한 실패를 겪은 것도 우리가 글로벌 시장에 대해, 특히 글로벌 시장의 금융 논리에 대해 너무 몰랐기 때문이다. 우리 기업과 정부 당국자들은 산업화 시대의

'관치 금융' 마인드에 젖어서 마치 국내 시장에서 금융을 대하듯 쉽게 돈을 빌리고 쉽게 사업을 벌였다. 관치 금융 시대에는 국가가 보증을 서기 때문에 문제가 생겨도 비교적(!) 쉽게 막을 수 있었다. 하지만 국제 금융은 그렇지 않다. 갚지 못하면 그걸로 끝이고, 기업 하나가 망하는 걸로 끝나지 않는다.

IMF 이후 10년은 재기를 위한 발판을 마련하는 시간이었다.

1997년 아시아 금융 위기 당시 듀폰 그룹 내에서는 아시아 투자에 대해 몹시 후회스러워하는 분위기가 팽배해 있었다. 그때 나는 듀폰 그룹 회장의 요청에 따라 아시아 경제를 면밀히 조사한 후 "60 DAYS STUDY"라는 보고서를 작성하면서, "한국을 포함한 아시아가 반드시 경제 위기를 딛고 일어설 것"이라고 예측했다. 그 보고서를 작성한 책임(?)을 지고 듀폰 아시아·태평양 본부 회장이라는 직함도 가지게 되었다.

내 예측대로, 그리고 내 바람대로 아시아 시장은 눈부시게 부활했고, 듀폰 내에서 아시아에 투자하는 것을 우려했던 사람들 역시 가슴을 쓸어내렸다. 그 과정에서 한국 역시 상처를 조금씩 치유하고 '새 몸 만들기'에 힘써 왔다.

마침내 한국은 글로벌 게임에서 무방비로 당하지 않을 만큼은 준비를 갖췄다. 많은 것을 내준 만큼 얻은 것도 적지 않은 10년이었던 것이다. 그리고 우리는 FTA(자유 무역 협정)를 선택했다.

FTA는 세계 무대에 나서서 강호들과 겨뤄 이겨야만 살 수 있는 대한민국의 새로운 승부수이다. 국민 개개인이 글로벌 경쟁을 몸으로 느끼지 않을 수 없는 세상이 눈앞에 다가와 있다. 나는 다가올 세상에서 우리 한국의 젊은이들 중 그 누구도 실패자가 되지 않기를 바란다. 모두가 글로벌 코리언, 글로벌 엘리트로 성장하기를 꿈꾸고 그 꿈을 이루기를 간절히 소망한다.

젊은 날, 나는 자신도 모르는 어떤 힘에 이끌려 나를 둘러싼 상자를 하나하나 박차고 나아갔던 것 같다. 돌이켜 보면 상자를 깨는 일 자체는 아무것도 아니었다. 힘든 것은 그것을 깨어 버리자고 결심하는 일이었다. 기로에 놓일 때마다 망설여지고 두려움이 앞섰지만 어느새 나는 "Go!"를 외치고 있었다. 항상 행운이 뒤따랐던 것도 사실이지만, 선택하지 않으면 그런 행운도 찾아올 기회를 잃었으리라 생각한다.

성공하려면 상자를 박차고 나아가야 한다. 두려움을 이기고 글로벌 세계를 향해 한 걸음 내디뎌야 한다.

당신의 꿈을 대한민국에 가두지 마라.

"Break the Box!"

2장

나의 상자를 깨뜨린

일곱 번의

선택

상자는
단번에 깨지지
않는다

요즘 시대에 나 김동수라는 사람이 태어났다면 과연 어떤 모습으로 살고 있을까?

솔직히 내가 고등학교 때처럼 계속 살아왔다면 나는 글로벌 기업의 CEO는커녕 소위 출세라는 것을 꿈도 못 꾸었을 것이다. 지금의 내가 만들어지기까지, 나는 무수한 변화의 과정을 겪어 왔다.

나는 꽤 형편이 괜찮은 가정에서 태어났다. 교육을 많이 받으신 부모님, 넉넉한 살림, 화목한 집안 분위기. 그런 가운데 10남매 중 막내로 태어나 부모님과 형제들의 아낌없는 사랑을 받으며 자라났다. 물질적으로나 정신적으로나 부족함을 느끼지 못했던 나는 근성이랄까, 그런 것이 길러지지 못한 채 모든 것을 그저 웬만큼, 적당히 했고, 뭘 악착같이 해야 할 필요성을 느낀 적이 별로 없었다. 그러다 보니 학교 성적을 비롯해 매사에 뛰어나지 못했고, 고등학생이 될 때까지 영어 한마디 제대로 하지 못했다. 결코 CEO로 태어난 사람도, 타고난 인재도 아니었던 셈이다.

어릴 적 친구들은 지금도 나를 만나면 이렇게 놀리곤 한다.

"야, 김동수, 네가 이렇게 한자리할 줄 누가 알았겠어. 미국 물이 좋긴 좋은가 보다."

그들이 나를 잘못 보았던 걸까? 결코 그렇지 않다. 나를 업어 키우다시피 한 누나들과 친척 어른들까지 지금의 나를 대견해하고 자랑스러워하는 한편으로는 '네가 어릴 적 어땠는지 내가 다 아는데, 까불지 마라' 하는 장난기 어린 시선이 살짝 숨어 있다.

돌이켜 보면 그들의 말이 다 맞다. 사람들이 기억하는 한국에서의 내 모습과 지금의 내 삶은 조합이 잘 되지 않는다.

'될성부른 나무는 떡잎부터 알아본다'는 말처럼 어린 시절부터 그 비범함이 빛을 발하는 사람이 있지만, 나는 중고등 학교 시절, 비범함과는 거리가 먼 사람이었다. 아니, 심지어 저 아이가 커서 도대체 뭘 하면서 살아갈 수 있을까 걱정할 정도였다. 멀대처럼 키만 클 뿐 긴장감이라고는 전혀 없는 천하태평 순둥이……

보다 못한 부모님은 나를 미국에 보내기로 결정하셨다. 그곳에는 이미 누나 둘이 순전히 자기들 힘으로 유학을 가서 대학원 과정을 밟고 있었다. 그러니까 유학은 내 의지로 정해진 일이 아니라 등을 떠밀리다시피 해서 가게 된 것이었다.

1965년 3월 6일, 영어 한마디 제대로 못 하는 고교 졸업생 김동수는 부모님이 마련해 주신 50달러를 들고 미국행 비행기를 탔다. 수십 년에 걸친 나의 글로벌 여정이 시작된 것이다.

그로부터 40여 년이 지났다. 그동안 나는 인생의 고비고비마다 하나씩 상자를 깨뜨려 나갔다. 비록 그 시작은 전적으로 나의 선택이 아니었을지라도.

나 자신의 인생을 돌이켜 볼 때 글로벌 인재가 된다는 것은 아주 특별한 일도, 아주 특별한 사람만 될 수 있는 것도 아니라는 생각이 든다. 다만 문제는 올바른 선택을 하는 것, 일단 선택을 했으면 다소 두렵더라도 무조건 부딪쳐 보는 것, 그리고 얼마간 실패한다 해도 그 실패를 거울삼아 자신의 부족한 점을 채우려고 부단히 노력하는 것이다. 물론 노력할 각오조차 되어 있지 않은 사람들에게는 내 이야기가 아무런 도움을 줄 수 없을 것이다. 그러나 한번 해 보겠다고 마음먹은 사람이라면, 비록 지나간 시절에 겪은 것들이지만 현재 글로벌 기업의 책임 있는 자리에 있는 사람으로서 조금은 도움이 되는 이야기를 들려줄 수 있지 않을까 싶다.

40여 년에 걸친 나의 글로벌 도전 중에서도 특별히 일곱 번의 중요한 순간이 있었다. 그 일곱 번의 'Box Breaking(상자 깨기)'에 대해 지금부터 이야기해 보려 한다. 글로벌이라는 말만 들어도 두려움이 앞서거나 나와는 관계없는 먼 나라 이야기로 들리는 사람일지라도 한번쯤은 나의 글로벌 여정에 귀를 기울여 주길 바란다.

첫 번째 Box Breaking

'근성 없는 막내둥이'라는 상자를 깨부순
캘리포니아의 토마토 밭

1965년 3월 6일, 갓 열아홉 살이 된 나는 로스앤젤레스 공항에 내렸다. 그곳은 한마디로 별천지였다. 그저 새롭고 낯설다는 의미가 아니다. 전쟁의 상처를 간신히 추스르고 이제 막 걸음마를 하려던 한국 땅에서 건너온 내게, 미국이라는 나라는 마치 꿈속에서나 본 듯한, 믿을 수 없을 정도로 모든 것이 풍요롭게 넘쳐 나는 나라였다.

해가 지고 나면 어두컴컴해지는 것을 당연하게 여겼던 내게, 밤에도 온통 환하게 불이 밝혀진 세상이 있다는 것은 불가사의한 일이었다. 으리으리한 건물들, 자동차, 사람들의 차림새, 무엇 하나 놀랍지 않은 것이 없었다. 한국에서는 구경조차 하기 힘든 물건을 미국 사람들은 집 밖에 내다 버렸다. 덕분에 나는 아르바이트하던 쇠고기 가공 공장에서 버려지는 쇠꼬리를 얻어 물리도록 꼬리곰탕을 끓여 먹기도 했다.

하지만 그들의 풍요로움은 내 것이 아니었다. 그들이 잘사는 만큼,

가난한 나라에서 온 이방인인 나는 자괴감에 빠질 수밖에 없었다.

남들은 다 자동차를 타고 다니는데 내겐 자동차가 없었다. 일하러 갈 때도 보통 한 시간씩은 걸어가야 했는데, 인도도 없는 찻길 가장자리를 걷고 있으면 차를 타고 지나가는 사람들이 이상한 눈빛으로 나를 쳐다보곤 했다. 꼭 동물원 원숭이가 된 기분이었다.

비참했다. 그리고 분했다. 어떻게 이렇게들 잘사는 걸까? 왜 내 나라는, 나는 이렇게 가난한 것일까?

나도 가난한 나라에서 온 풋내기 유학생이 아니라 그들처럼 풍족한 삶을 살고 싶었다. 눈이 뜨이고 인생의 기준과 목표가 바뀌는 순간이었다.

'이제 나의 경쟁자는 한국에 있는 또래 친구들이 아니라 미국의 젊은이들이다!'

거의 처음으로 열정이 끓어오르는 것을 느꼈다. 그 '투지'가 얼마나 강했던지, 부작용으로 한국 여자들마저 예뻐 보이지가 않았다.

캘리포니아 사막 인근에 있는 토마토 농장은 그런 투지를 한층 더 키우는 데는 최고의 땅이 아니었을까?

1965년 6월, 나는 캘리포니아의 한 주니어 칼리지(Junior College)에 입학 허가를 받아 놓고, 사막 근처의 농장에서 토마토 따는 일을 시작했다.

물론 그런 일이 하고 싶었던 것은 아니다. 하지만 당시 한국 내에서는 달러가 무척 귀해서 구하기도 힘들었고, 아무리 부족함을 모르고 자랐다고는 하지만 10남매를 모두 대학에 보낸 끝이어서 내가 미국에 올 때 가져올 수 있었던 돈은 겨우 50달러가 전부였다. 한국과 미국의 엄청난 경제 수준 차로 인해 당시로서는 이 50달러도 아주 많은 돈이었다.

모자라는 학비와 생활비를 구하기 위해 아르바이트 자리를 여기저기 알아보았지만, 영어도 잘 못하는 외국인이 쉽게 구할 수 있는 일거리란 결국 육체노동, 그러니까 토마토 밭 일이나 접시닦기, 쇠고기 가공 공장 같은 막일들뿐이었다. 돈이 급했던 나는 그중에서 급료가 제일 센 토마토 밭 일을 선택했다.

참 징글징글한 시간이었다.

나는 새벽 네 시부터 정오까지 여덟 시간 동안 일을 하고, 오버타임으로 오후 한 시부터 세 시까지 또 일을 했다. 지금도 그 시절을 생각하면 토마토가 보기도 싫어질 정도다. 캘리포니아 사막의 태양은 날계란을 던져 놓으면 익어 버릴 만큼 뜨거웠다. 딴생각이 들기 시작하면 버틸 수가 없기 때문에 무조건 일에 몰입해야 했다. 그래서 대개 작업 시간은 해 뜨기 전과 비교적 선선한 오전에 잡혀 있었다.

우리는 일을 하기 전에 먼저 식사를 했다. 처음으로 일을 나갔던 날, 새벽의 어둠 속에서 보았던 식탁의 모습은 평생 가도 잊지 못할 '장관'이었다.

'저걸 지금 나더러 다 먹으라는 거야?'

토마토 밭 옆, 둥근 천막 안에 차려진 식탁은 거인국에 간 걸리버를 위해 차려진 것마냥 엄청났다. 못해도 장정 네댓 명은 달라붙어야

다 먹어 치울 분량이 내 몫으로 놓여 있었다. 황당한 표정으로 서 있는 나를 보며 다른 인부들은 빙글빙글 웃기만 했다. 나를 골탕 먹이려는 건가? 하지만 다른 사람들은 순식간에 음식을 먹어 치우기 시작했고, 나도 처음부터 약한 모습을 보이기는 싫어서 식탁에 달라붙었다. 정말 쑤셔 넣는다는 말이 실감날 정도로 꾸역꾸역 음식을 밀어 넣었다. 맛이고 뭐고 따질 계제가 아니었다.

음식을 입 안에 모두 밀어 넣고 나서 밭으로 가기 위해 일어서는데, 숨을 쉴 수가 없었다. 음식이 도로 밀려 나올 것만 같았다. 식탁을 손으로 꾹 짚고 간신히 일어섰다. 그런데 기가 막힌 것은 일하기 시작한 지 채 네 시간도 안 되어 허기가 지기 시작하더니 일을 마칠 즈음에는 배가 고파 견딜 수가 없었다. 오버타임을 위해 다시 엄청난 식탁이 차려졌다. 이번엔 모자라지 않을까 걱정이 되었다.

섭씨 40도가 넘는 곳, 그늘이라고는 찾으려야 찾을 수 없는 곳에서 일을 하다 보니 칼로리 소모도 엄청났지만 갈증도 심했다. 토마토 밭에선 물이 필요 없었다. 아니, 허리를 펴고 물을 먹는다는 게 사치였다. 이랑 좌우의 골 위를 걸어가며 쉴 새 없이 토마토를 따다가 목이 마르면 그 자리에서 토마토를 우적우적 씹어 갈증을 해소했다. 물론 나는 토마토를 싸 줘도 들고 오지 않았다. 일이 끝나고 제정신으로 돌아오면 토마토를 보기만 해도 구토가 밀려올 지경이었으니까.

하지만 나는 스스로도 부지런하다고 느낄 만큼 열심히 일을 했다.

사실 오후 한 시에서 세 시 사이, 그러니까 밭이 햇볕에 가장 뜨겁게 달궈진 시간대까지 일을 하는 사람은 별로 없었다. 그 시간을 포함해 하루 열 시간씩 일을 하는 나를 보며 남미에서 온 사람들이나 흑인 인부들까지 혀를 내둘렀다. 한국에서는 꽤 큰 편에 속하는 나도 그곳의 인부들 틈에 끼니 왜소해 보일 정도였지만, 일하는 속도는 내가 제일 빨랐다. 토마토를 따도, 넝쿨을 베어도, 제일 앞서 나가는 것은 언제나 나였다. 그만큼 나는 이를 악물고 일을 했다.

어디서 그런 힘이 솟는지 나도 알 수가 없었다. 농장 주인이나 동료 인부들의 칭찬을 많이 받았다. 이전엔 맛본 적이 없었던 성취감을 느꼈다. 첫 번째 상자가 깨어져 나가는 순간이었다.

'아, 인간에겐 한계가 없구나.'

그 뜨거웠던 토마토 밭에서 나 자신뿐만 아니라 사람에 대한 나의 생각도 많이 바뀌었다. 비록 그 일이 하고 싶어 시작한 것은 아니었지만 결과적으로는 정말 감사하고 또 감사해야 할 소중한 시간이었다. 1971년 군에 입대해서도, 아무리 험한 일을 당해도 나는 끄떡없었다. 당시의 군대는 지금과 비교할 수 없을 정도로 형편이 열악한 데다 훈련이나 모든 것이 가혹했다. 하지만 솔직히 토마토 밭보다 힘들지 않았다. 미국에서의 첫 6개월 동안, 나는 정말로 강해졌던 것이다.

인간 수업만 지독하게 받은 것이 아니었다. 영어 수업도 그에 못지않았다. 지금은 어디 가나 한국 사람들이 있고, 한국 신문도 볼 수 있지만, 당시에는 한국 사람을 찾아볼 수가 없었다. 미국 사람들 틈바구니에서 살 수밖에 없었다. 철두철미하게 한국에서 고립되어 있었기에, 살아남기 위해서라도 영어와 미국을 빨리 배울 수밖에 없었다.

  너의 꿈을 대한민국에 가두지 마라 ●

학교 공부도 그랬다. 침대에서 발 뻗고 잠들어 본 기억이 별로 없을 정도였다. 공부해야 할 분량이 워낙 많기도 했지만, 1학년 때 학생의 절반을 탈락시키고, 2학년 때 또 그 절반을 탈락시켜 버리기 때문에 발버둥을 쳐야만 했다. 나는 그렇게 변화의 첫걸음을 내디뎠다.

물론 나는 냉혈한이나 강철 같은 인간은 아니었다. 스무 살도 안 된 풋내기 청년이 다 그렇듯이, 고향 땅과 부모님 품이 그리워서 눈물도 많이 흘리고 한숨도 참 많이 쉬었다. 그 시절 내내 집에 가고 싶은 마음이 간절했다. 그때 내가 어머니에게 썼던 편지들을 읽어 보면 지금도 눈물이 나려고 한다.

하지만 우리 부모님이 나를 내쫓듯이 유학을 보내 주신 것에 대해 더할 수 없이 감사한다. 부모님이 나에게 많은 돈을 남기시지는 않았지만, 나는 그 누구보다도 유산을 많이 물려받은 사람이라고 생각한다. 그 유산은 이후 내가 성장하고 원하는 것을 이루는 데 밑거름이 되었다.

첫 번째 상자를 깬 나는 두려운 게 없었다.

두 번째 Box Breaking

'엔지니어'라는 상자를 벗어나게 해 준
김승연 회장과의 만남

대학원을 마친 1971년, 나는 귀국하여 군에 입대했다. 장교들을 가르치는 화학전 교관이 내게 주어진 임무였다. 방독면 같은 군 장비를 개발하는 데 관여하기도 했다.

제대하고 얼마 지나지 않아 나는 미국의 화학 회사 다우케미컬과 한국 정부의 합작 기업인 한양화학에 입사했다. 화학공학을 전공한 나로서는 정부의 중화학 공업 육성 정책 덕분에 무척 좋은 회사에 취업할 수 있었던 셈이다. 취직한 후에 결혼을 해서 가정도 꾸리게 되었다.

입사 일 년 뒤인 1975년 2월, 나는 다시 미국행 비행기를 타게 되었다. 미국 다우케미컬 본사 연구원으로 발령을 받은 것이다. 거기서 연구원으로 일 년을 근무하다가 제조 파트로 옮겨 2년간 더 근무했다. 다우케미컬은 제조 분야에서 아주 탁월한 회사였다. 나는 그곳에서 마른 스펀지처럼 제조에 관련된 여러 가지 지식과 기술을 습득했

● 너의 꿈을 대한민국에 가두지 마라 ●

다. 무슨 일이든 공격적으로 들러붙어 공장을 설계하고 제조하는 모든 단계를 두루 섭렵했다. 아마 제조에 관한 한은 그 시절에 전체를 관통하는 '개념'을 잡았던 것 같다. 그것은 단편적인 기술의 수준을 넘어 '제조의 철학'이라 할 만한 것이었다.

1978년 9월, 다시 다우케미컬 한국 지사로 발령이 났다. 당시 다우케미컬은 여천 공단에 새로운 공장을 지을 예정이었고, 나는 그중 염소(鹽素. Chlorine) 공장 건설 지휘를 맡게 된 것이다. 아이들과 아내는 다시 나를 따라 한국으로 왔다.

여천 공단은 지금은 국내 굴지의 석유 화학 업체들이 들어서 있지만 당시만 해도 허허벌판이나 다름없었다. 그곳에 공장을 짓기 위해서는 길을 내고 정지 작업을 하는 것부터 시작해야 했다. 그렇게 기초를 닦고, 각종 중장비를 동원해 건물을 지어서 설비를 갖추고 공장이 가동되기까지 꼬박 2년이 소요됐다. 그 2년 동안 주말이나 휴가는 물론 없었고, 아침 여덟 시에 출근하면 밤 열 시나 되어야 집에 돌아오는 생활이 매일같이 반복되었다. 물론 나뿐 아니라 직원 모두가 그렇게 일했다. 그래도 누구 하나 고생으로 여기는 사람이 없었다. 아무것도 없던 나라에 세계 수준의 공장을 짓고, 거기서 나온 물건이 이 나라를 부강하게 할 것이라는 생각에 모두들 고생을 낙으로 여겼다. 그때는 그랬다.

나는 일하는 재미에 푹 빠졌다. 이제는 견습생처럼 배우고 익히는 단계가 아니라 현장에서 직접, 온전히 내 책임하에, 진짜 공장을 짓는 것이다! 그것도 국가 건설의 역사 한가운데 서서. 왕국을 하나 세우는 일도 아마 그렇게 즐겁고 가슴 두근거리지는 않을 것 같다. 돌이켜 보면, 공사판을 미친 듯이 뛰어다니며 악다구니를 쓰고 지시하던 그때의 나는 레고 블록으로 로봇이며 배, 비행기를 만들며 상상의 날개를 하늘 끝까지 펼쳐 보는 어린아이의 심정이었는지도 모르겠다.

하지만 모든 일이 그렇듯이 항상 즐겁고 좋기만 한 것은 아니었다. 엄청난 인원과 비용이 소요되는 프로젝트인 만큼 문제가 없을 수 없었다. 그중에서도 나를 가장 괴롭힌 것은 안전 문제였다.

서구 기업 대부분이 그런 편이지만 다우케미컬은 특히나 안전 문제에 예민했다. 아직 안전 의식이 희박했던 한국 땅에서 다우케미컬의 안전 기준을 적용하려 하니, 근로자들은 자신들을 위한 일임에도 심하게 반발했다. "아니, 그런 모자를 쓰고 어떻게 일을 합니까!"

안전모 착용 하나를 두고도 신경전이 펼쳐졌다. 그러나 안전 문제에 관한 한 나는 한 치도 양보할 수 없었다. 사람의 목숨과 인생이 걸린 문제였다. 규정을 지키지 않는 사람은 단호하게 징계를 내렸다. 필요하다면 몸싸움도 마다하지 않았다. 살기등등한 조직 폭력배 출신에게 멱살을 잡히는 등 위험천만한 순간도 있었지만, 나는 두렵지 않았다.

아마 부모님 밑에서 계속 곱게 자라 왔다면 그런 상황을 이겨 내지 못했을지도 모른다. 하지만 이미 당시의 나는 어린 시절의 김동수가 아니었다. 나름대로 산전수전(?)을 다 겪은 내게는 '근성'이라는 게 있었다.

그런 나에게, 외국에서 공부하고 돌아온 부잣집 도련님인 줄만 알

왔던 직원들도 꽤나 놀라는 눈치였다. 내가 물러서지 않고 일관되게 원칙을 밀고 나가자 근로자들도 차츰 나를 이해하고 마음을 열기 시작했다. 비록 거칠고 많이 배우지 않은 사내들이었지만 솔직하고 인간미가 넘치는 그들은, 한번 마음을 열자 화끈하게 호응해 주었다.

어느새 그들은 나를 '지조와 강단이 있는 사람'이라고 치켜세우기까지 했고, 자기들끼리 막걸리 한잔 하는 자리에도 나를 끼워 주었다. 그들 한 사람 한 사람과 안면을 트고 정이 들면서 그들에게 세상살이에 관해 많은 것을 배우게 되었다.

만일 내가 처음부터 쉽게 타협하고 좋은 게 좋은 거라는 식으로 넘어갔다면 어떻게 되었을까? 운이 좋아 안전사고는 일어나지 않았을지 몰라도 사람들과 인간적으로 그렇게 깊이 있는 관계는 가지지 못했을 것이다. 돈 주고도 살 수 없는 소중한 경험을 한 셈이다.

다만, 그 시절을 돌이켜 볼 때 가슴 아픈 점 한 가지는, 공장 건설에 여념이 없던 일 년여 동안 가족과 함께할 시간이 너무 없었다는 것이다. 내 아들은 여천 시절 아빠랑 뭘 했는지 기억이 안 난다고 지금도 종종 나를 타박한다. 당시 내 아내는 아이들을 기르는 한편으로 집에서 피아노 레슨을 하며 살림을 돕기 위해 노력했다. 내 아내는 참 알뜰한 여자다. 꽤 부잣집 딸로 자랐지만 때로는 내가 혀를 내두를 만치 근검절약이 몸에 배어 있다. 덕분에 제로베이스에서 시작한 내가 서른네 살에 지금 살고 있는 아파트를 장만할 수 있었다.

1982년, 2차 석유 파동이 나자 다우케미컬은 한국에서 철수하기로 결정했다. 내가 지은 여천 공장은 한국화약 그룹에 팔렸다. 한국화약은 나더러 남아서 계속 일할 것을 권했지만 나는 그 요청을 정중히 거절하고 미국행 비행기에 올랐다. 좀 더 큰 꿈을 펼쳐 보고 싶었기 때문이다. 하지만 나는 정확히 일 년 만에 한화 그룹으로 들어가게 된다.

1983년, 당시 텍사스 주 프리포트(Freeport)의 다우케미컬 화학 복합 단지에 있는 단위 공장장들은 총괄 공장장과 면담을 자주 했다. 면담 자리에서 공장장이 내게 말했다.

"당신은 외국인이지만 일을 잘하고 잠재 능력도 큽니다. 유능해요. 앞으로 두 번 정도는 더 승진할 수 있을 것 같습니다."

나는 그 말에 적잖이 실망했다. 뭐랄까, 의기충천한 상황에서 갑자기 바람이 빠지는 느낌이었다. 내 잠재력이 고작해야 두 번 승진할 정도밖에 안 된다고? 왜지? 외국인이라서? 일 년 동안 정말 최선을 다해 일했고 누구보다도 좋은 성과를 거두었는데…….

그 파트에서 외국인으로서는 내가 제일 직책이 높았지만, 나의 한계를 미리 정해 놓은 회사에서는 더 일할 수가 없었다. 그것은 결코 내가 만족할 수 있는 목표치가 아니었기 때문이다. 아내와 상의한 끝에 귀국하기로 결정했다.

며칠 후 사표를 내고, 한국화약에 팔린 '나의 공장'으로 연락했다. 다행히 그들은 여전히 나를 원했다. 나는 급여나 제반 조건에 대한 협상을 일절 하지 않고 무조건 옮기기로 결정했다. 젊은 내게 그런 것은 전혀 중요하지 않았다. 내 능력을 최대한 발휘하면서 인정받고 일할 수 있다는 사실이 무엇보다 중요했다.

내 손으로 지은, 나의 텃밭과 다름없는 공장으로 돌아오니 감회가 새로웠다. 직급도 예전 그대로였지만 돌아오니 기분이 날아갈 듯했다. 1983년 12월이었다.

한국화약 사람들하고는 일면식도 없었지만 그들은 나를 따뜻하게 맞아 주었다. 미국 회사에서는 경험하지 못했던 '정'을 느낄 수 있었다. 유색인으로서 미국 사회에서 한계를 느끼던 터였고, 한국을 비롯한 아시아 존(zone)이 다시 한번 성장하는 분위기였으므로 대한민국에 크게 기여하겠다는 의욕이 솟구쳤다.

나는 다시 한번 일에 푹 빠져들었다.

그 시기에 한화 그룹 김승연 회장과 개인적으로 대면할 기회가 몇 번 있었다. 그는 공장이나 업종 현황 등에 대해 이런저런 얘기를 물어보았고, 나는 내가 가진 지식과 의견을 종합해 성의껏 대답했다. 30대 초반에 그룹 경영권을 물려받은 김승연 회장은 그룹 내부의 여러 사람과 만나 대화 나누기를 즐겨 했던 것 같다.

그러던 중 1985년 말의 어느 날, 전혀 예상하지 못했던 일이 일어났다. 한화 그룹 경영관리실 관리부장으로 발령이 난 것이다. 파격 인사였다. 나도 당혹스러웠지만 주변 사람들도 모두 어리둥절해했다. 연구실과 공장 외에는 일해 본 적이 없는 사람을 경영관리실로 발령 내다니!?

경영관리실은 그룹의 모태가 된 화약 부문은 물론, 석유 화학, 정유, 레저, 기계, 금융업 전체를 조율하고 관리하는 핵심 중에서도 핵심 부서였다. 나로서는 큰 모험이 아닐 수 없었다. 갈등 끝에 김 회장의 뜻을 믿고 한번 해 보기로 마음먹었다.

회장 직속 부서인 경영관리실에 배치되자 처음에는 뭘 어떻게 해야 할지 막막하기만 했다. 하지만 지금까지 그래 왔듯이 눈치 보지 않고 무조건 일에 들러붙어 열심히 듣고, 보고, 배웠다. 물러서기보다는 깨지더라도 착 달라붙어 하나씩 배우면 뭐라도 남는다는 게 그동안의 삶에서 얻은 교훈이었고, 나는 그 교훈을 한화 그룹 핵심부에서도 지켜 나갔다.

엔지니어 출신인 나는 그 시절에 인생 최초로 제대로 된 경영 수업이라는 것을 받았다. 기계와 생산을 중심으로 모든 것이 돌아가는 공장과, 사람과 시장과 이윤을 중심으로 돌아가는 경영은 차원이 다르다는 걸 그제야 비로소 깨닫게 되었다. 공장이나 연구실에서는 볼 수 없었던 경쟁자들의 움직임이, 고객의 마음이, 산업 전체의 흐름과 역동성이 하나 둘 감지되기 시작했다. 또한 사람을 움직이고 기업 전체의 운명을 좌우하는, 경영자와 리더들의 선택에 대해서도 배울 수 있었다.

그 시절 나에게 가장 많은 가르침을 준 사람은 젊은 김승연 회장이었다. 그는 나의 직설적인 태도와 솔직한 화법을 좋아해 나에게 호감을 가졌던 것 같다. 나로서는 그가 그룹 회장이라 해서 굽실대거나 아부를 하고 위축될 이유가 없다는 생각이었다. 떠나면 다른 곳에 가서 또 열심히 하면 되지, 늘 그런 속내로 일했다.

당시 내가 느낀 김승연이라는 사람은 거칠게 살아온 공사장 근로자들마냥 솔직하고 단도직입적인 사람이었다. 복잡하게 계산하고 빙빙 돌려 말하기보다는 생각한 대로 툭 터놓고 얘기해야 직성이 풀리는 스타일이었다. 때론 젊은 혈기에 울컥하는 성질을 못 이길 때도 있었지만 전체적으로는 참 괜찮은 리더였다.

김승연 회장은 나를 굉장히 좋게 보았던 모양인지 1986년 초에는 관리 담당 이사로 승진을 시켜 주었다. 파격도 이만저만한 파격이 아니었다. 미국 회사에 계속 있었다면 아마도 나는 공장을 벗어나기 힘들었을 것이다. 어떻게 보면 그룹 총수가 회사 일을 전격적으로 처리할 수 있는 한국 기업이었기 때문에 그런 행운을 얻었다고도 할 수 있다.

거기서 나는 한국 기업의 장점과 어두운 면을 모두 볼 수 있었다. 총수 개인의 고독한 결단이 내려지면 마치 전투를 벌이듯 일사불란하게 전 조직이 달라붙어 반드시 목표를 달성하는 모습은 대단히 인상적이었다. 하지만 과연 그것이 '미래에도 살아남을 조직'인지에 대해서는 매우 회의적이었다. 위에서 지시하면 아래에서 따라가는 구조가 마음을 무겁게 했다. 이는 비단 한국화약 그룹만의 문제가 아니고 당시 한국 기업들 전반에 걸쳐 폭넓고 뿌리 깊게 자리한 풍토였다.

시간이 지날수록 심적 갈등이 커져만 갔다. 나의 가치관과 한국적 현실이 서로 충돌하고 있다는 걸 느꼈던 것이다.

결국 또 한 번 사표를 던졌다. 김승연 회장이 이례적으로 나를 붙잡았다.

"당신, 좀 있으면 사장도 할 수 있는 사람인데, 도대체 그만두겠다는 이유가 뭡니까?"

그가 붙잡을 때는 참 갈등이 컸다. 적어도 내 생각에 그는 좋은 경영자였다. 부친의 갑작스러운 죽음으로 30대 초반에 회장이 되어 기업 경영에 뛰어들었지만, 본능적이라고 할 수 있는 뛰어난 리더십과 카리스마로 그룹 전체를 성장 가도에 올려놓지 않았던가. 그가 보여 준 과감한 결단력과 사업적 비전은 지금 생각해도 참으로 매력적이었다.

하지만 아쉽게도 나에게는 맞지 않는 옷이었다. 그런 상황에서 사장이 된다 한들 마음이 편할 것 같지 않았다. 한국의 기업 풍토는 미국 회사의 합리적인 시스템을 경험한 나로서는 감당하기 힘든 것이었다. 내가 원하는 회사는, 좋은 인재를 뽑아 잘 가르친 후 믿고 일을 맡기고, 객관적이고 합리적으로 평가하고, 잘못된 일에 대해서는 책임을 지게 하는 회사였다. 당시 한국에서는 그런 회사를 찾아보기가 힘들었다.

고심 끝에 1987년, 나는 다국적 기업인 듀폰의 한국 지사에 입사하기로 결정했다.

다행스럽게도 김 회장과의 인연은 지금껏 끊이지 않고 이어져 왔다. 1998년 도쿄에서 만났을 때는 듀폰 아시아 · 태평양 본부 회장이 된 날 보면서 "어이구, 이젠 나보다 높아졌잖아요!"라고 너스레를 떨기도 했다. 2006년에는 그에게서 마음이 담긴 조그마한 선물을 받기도 했다.

어쨌든 한화 시절은 내가 공장 밖에서 일해 본 첫 번째 경험이었다. 공장을 운영하는 사람은 정해진 목표에 따라 작업을 해내면 그만이다. 하지만 경영은 다르다. 유기적이고 살아 있는 생물이다. 복잡한 시장에서 수익을 얻고 살아남기 위해 끝없이 결단을 내리고 고민해야한다. 한화 시절의 경험이 없었다면 나는 그저 다국적 기업과 한국 기업을 이리저리 떠돌며 엔지니어 이상으로 살아갈 수 없었을 것이다.

한편, 한화에서의 경험은 아시아적 가치, 아시아의 강점, 아시아적 경영 특성에 대해 제대로 느끼고 배우는 계기가 되었다. 한화에서의 경험이 아니었다면, 나는 한국이나 아시아에서는 그저 '미국 물' 좀 먹고 거들먹거리는 사람으로, 미국인들에게는 일 좀 하는 그렇고 그런 아시아 인으로 인식되었을 것이다.

지금 내가 글로벌 기업의 아시아·태평양 지역 총책임자로 일할 수 있는 것도 상당 부분 한화 그룹에 근무하면서 아시아적 가치관을 가진 경영인들을 가까이서 접함으로써 그들을 이해하고 장점과 단점을 올바로 파악할 수 있었기 때문이다.

아시아가 세계의 성장 엔진으로 주목받는 지금, 이렇게 동서양의 중간에 서서 양쪽에 대한 폭넓은 이해를 바탕으로 서로를 설득하고 이해시킬 수 있는 중간자 역할을 할 수 있다는 것은 큰 가치를 지닌다.

세 번째 Box Breaking

협상과 설득의 신세계를 보여 준
이산화티타늄 공장 유치 프로젝트

나는 살아오면서 그다지 큰 '좌절감'을 느껴 본 적이 없다. 부모님이 물려주신 느긋한 성격과 차분한 아내의 도움 덕분이기도 하겠지만, 뭘 하다가 실패한다 해도 그것을 '끝'으로 생각하지 않고 '과정'으로 받아들였기 때문이다. 하지만 이런 나도 큰 충격과 좌절을 맛보았던 때가 있다. 그것도 우리나라에서 말이다.

1987년, 한화 그룹에서 나와 듀폰에 입사할 때 나는 의욕과 열정으로 가득했다. 회사는 이런 내게 '이산화티타늄 공장을 한국에 유치하라'는 첫 임무를 주었다. 나는 반드시 성사시키고 싶었다. 나 자신의 성취를 위해서이기도 하지만, 이산화티타늄은 굉장히 수요가 많은 물질이어서 세계 최대의 화학 기업인 듀폰의 이산화티타늄 공장이 한국에 들어선다면 나라 경제에도 큰 보탬이 될 거라는 자부심 섞인 사명감도 컸다.

하지만 이 프로젝트를 추진하면서 전혀 예상치 못했던 방해와 끝없는 오해에 시달려야 했고, 듀폰은 결국 한국에서 공장 짓는 것을 포기하고 타이완으로 방향을 돌렸다. 지금 생각해도 아쉽고 분하기 짝이 없는 일이다.

약 3년에 걸친 그 길고 긴 실패담을 살펴보기 위해서는 먼저 이산화티타늄이 무엇인지를 좀 알아 둘 필요가 있다. 사실 내가 이 프로젝트에 실패한 데에는 사람들이 이산화티타늄이라는 화학 물질이 무엇인지 너무 몰랐던 것도 큰 원인이 되었다.

이산화티타늄은 냄새와 맛이 없는 백색 또는 무색의 미세한 분말로, 다양한 분야에 사용되지만 특히 하얀 색깔이 들어가는 거의 모든 곳에 사용되는 화학 물질이다. 사람들은 보통 '티타늄'이라는 말만 듣고도 금속성 물질을 떠올리며 찜찜해한다. '이산화'라는 접두어도 썩 인상이 좋을 것은 없으므로 이산화티타늄이란 단어가 기분 좋게 느껴질 리 만무하다. 그러나 이산화티타늄은 화학적으로 매우 안정된 물질로 물이나 알코올에는 물론, 뜨거운 진한 황산 이외의 어떤 물질에도 녹지 않는다. 뿐만 아니라 우리 몸에 들어가도 인체의 장기나 인체 물질에 반응하지 않고 그대로 배설되어 버린다.

우리가 사용하는 종이나 페인트를 비롯해 비누, 화장품, 완구, 타일 등 쓰이지 않는 곳이 없을 정도이며, 흔히 '화이트'라고 불리는 흰색 수정액에도 이산화티타늄이 사용된다. 산화아연 같은 물질과 혼합되면 '피부 수렴 작용'과 '진정 작용'을 하는 의약품 원료가 될 때도 있다. 또한 가시광선이나 자외선과 결합하면 광촉매 효과를 발휘하여 각종 오염 물질을 분해하고 악취를 제거하기도 한다. 항균성 세

라믹 필터를 만들 때도 이산화티타늄이 꼭 필요하다. 요즘 들어 많이 문제가 되고 있는 새집 증후군의 원인 물질인 휘발성 유기 화합물의 제거에도 쓰이고 있다.

지금이야 더 좋은 대체재가 많이 개발되어서 잘 안 쓰이지만 과거에는 식품 첨가물(착색제)로도 자주 사용되었다. 이 물질을 섞어 놓으면 제품 빛깔이 파스텔 톤으로 곱게 살아나고, 햇볕이나 기타 외부 자극으로부터 식품을 보호할 수도 있기 때문이었다. 그만큼 인체에는 전혀 해가 없는 물질이다. 어느 정도냐 하면 1969년 제13회 FAO(국제 농업 기구)·WHO(국제 보건 기구) 합동 식품 첨가물 전문가 위원회에서 이산화티타늄의 ADI(Accepted Daily Intake. 유해 물질의 일일 섭취 제한 권고량) 설정은 필요하지 않다고 결론 내릴 정도였다.

한마디로 이산화티타늄은 활용도가 무궁무진한 친환경 화학 물질이다. 듀폰의 이산화티타늄 공장이 한국에 들어선다면 듀폰의 아시아 사업에도 큰 힘이 될뿐더러 대한민국 경제에도 여러 면에서 보탬이 될 것이었다. 해서 나는 듀폰의 선진 기술로 지어진 공장을 반드시 한국에 유치하고 싶었다. 그 프로젝트가 좌초하리라고는 꿈에도 생각지 못했다. 하지만 내 예상은 완전히 빗나갔다.

우선 환경 운동 단체들이 강하게 반발했다. 당시는 민주화의 물결을 타고 사회 운동 단체들이 제도권 내에서 활동을 펼치기 시작하던 시기로, 환경에 대한 사회적 관심과 더불어 환경 운동도 대중적으로 활발해지고 있었다. 이런 시기에 환경 단체들이 문제를 제기하자 사회적으로 큰 파장이 야기되었다. 여론은 물론이고 정부와 야당까지 공장 유치에 부정적인 태도를 보였다.

나로서는 참 당혹스러울 수밖에 없었다. '화학 기업은 무조건 공해 기업이다'라는 인식이 도저히 납득되지 않았다. 조금만 조사해 봐도 이산화티타늄이 어떤 물질이며 이 공장이 우리 경제에 얼마나 크게 기여할 것인지 알 수 있을 텐데 잘 알아보지도 않고, 또는 집단의 이익을 위해 반대를 하는 것 같아 화가 치밀었다.

예상치 못했던 난관에 부딪히자 어떻게 해야 좋을지 참 막막했다. 상대방을 만나 접대하면서 문제를 풀어 보면 어떻겠느냐고 권하는 사람도 있었지만 듀폰에서는 상상도 할 수 없는 일이었다. 엄격한 내부 규정 때문이었다.

듀폰은 설사 적발되지 않은 법률 위반이라 할지라도 반드시 자진 신고를 하도록 규정에 명시되어 있을 만큼 윤리 문제에 관한 한 철두철미한 노선을 고수해 나갔다. 내 개인적으로도 원칙을 어기고 타협해서 결과를 내는 것은 용납할 수 없었다.

울산의 듀폰 공장에서 일하던 시절, 경미하게 법률을 위반한 일이 있어 관공서에 신고했는데 오히려 그쪽에서 당황스러워했다.

"허, 이것 참 난감하네. 상을 줘야 하나, 벌을 줘야 하나?"

이럴 정도이니 나로서는 언론사, 환경 단체, 정부, 정당 관계자들을 일일이 만나서 설득하는 것 말고는 길이 없었다. 환경 단체의 지도자 C모 씨를 제일 먼저 만났다. 당시 나는 이가 갈릴 정도로 그가 못마땅했다.

그가 듀폰 이산화티타늄 공장의 유치를 반대하는 이유는 간단했다.

"듀폰은 세계에서 제일 큰 화학 기업 아닙니까? 다시 말해서 공해 물질을 가장 많이 배출하는 기업이란 말입니다. 그런 기업의 공장을 왜 하필 한국에 지어야 합니까?"

화학 기업이 곧 공해 기업이라는 말은 내 입장에서 보면 억지에 가까운 것이어서 화가 났다. 나는 화학 공장도 처리 시설을 잘 갖추면 일반 공장보다 더 친환경적으로 운영할 수 있다는 사실을 여러 가지 근거를 제시하여 설명하고 모범적으로 운영되는 공장들의 사례도 제시했다. 이산화티타늄만 해도 다른 나라에서는 그것을 생산할 때 나오는 폐기물을 재활용하여 건설 자재 등으로 사용하고 있다고 말했지만, 그는 화학제품에서 나오는 폐기물을 일상생활에 활용하는 것이 말이나 되느냐며 전혀 믿으려고 하지 않았다.

오히려 그는 세계적으로 화학 공장이 문제를 일으킨 사례들을 제시하며 반박했다. 사실 그의 우려가 전적으로 불합리한 것은 아니었다. 인도 보팔에서 엄청난 참사를 일으켰던 유니언카바이드 공장 폭발 사건 같은 경우만 봐도 그렇다. 어느 곳이나 화재가 발생하면 큰 피해를 입게 되지만, 특히 화학 공장의 경우에는 그 파괴력이 엄청날 수 있다.

나는 이산화티타늄이 무해하다는 것을 이해시키기 위해 과거에 우리가 먹던 사탕이나 식품들 얘기를 들려주고, 듀폰의 창업자가 안전 수칙을 지키기 위해 화약 공장 안에다 집까지 짓고 살았다는 일화도 들려주며 듀폰이 어떤 회사인지 알려 주려고 노력했다.

수차례에 걸친 길고 긴 설득 끝에 마침내 그도 내 진심을 이해하게 되었다. 그리고 그런 과정을 통해 환경 단체에 대한 나의 '적개심'도 눈 녹듯 사라졌다. 쉽지 않은 일이었지만, 결국은 논리적인 대화를 통해 서로를 설득함으로써 기분 좋은 합의가 이루어진 것이다.

일단 한고비를 넘기자 자신감이 생겼다. 언론사 담당 기자들을 모아 놓고 같은 방식으로 설득에 들어갔다. 그들 역시 확고한 사실과 원칙을 토대로 설득하자 납득을 했다. 당시 야당 고위직에 있던 B모 씨는 내 설명을 듣고 나서 그 자리에서 사람을 불러 이야기를 했다. 자신들의 오해로 인해 국익에 큰 보탬이 될 공장 하나를 잃으면 안 되니 적극 협조하라는 것이었다.

문제가 일시에 다 해결되는 듯했다. 하지만 또다시 예상치 못한 곳에서 벽에 부딪혔다. 공장 인허와 관련되어 있던 한 정부 관리가 계속해서 이리저리 말을 돌리며 시간을 끄는 것이었다. 하필 그는 나와도 친분이 있는 사람인지라 더 실망스러웠다.

나중에 알고 보니 국내의 모 기업이 집중적인 방해 로비를 펼치고 있었다. 그는 이 핑계 저 핑계를 대면서 시간을 질질 끌었다. 내가 지쳐 포기하길 바랐던 것이다.

"야, 이 ×자식아! 이 나라 팔아먹을 ×자식아!!"

나는 어찌나 화가 치밀고 억울하고 분했던지 한강 다리를 건너며 그가 있는 관공서를 향해 주먹질을 하고 욕설까지 퍼부어 댔다. 한 개인의 사리사욕으로 엄청난 국익이 공중분해되는 것을 보면서 분하다 못해 눈물이 다 났다. 저런 사람이 공무원이랍시고 자리를 차지하고 앉아 있다니…….

1990년, 마침내 한국 정부가 허가를 내주었다. 하지만 이미 때늦은 일이었다. 듀폰 본사가 한국에 공장 짓는 것을 포기하고 타이완으로 방향을 돌렸기 때문이다. 지금도 듀폰의 이산화티타늄 타이완 공장은 엄청난 수익을 올리며 타이완 국가 경제에 기여하고 있다.

그때 일을 생각하면 아직도 속이 끓어오르지만, 반드시 나쁜 경험만은 아니었다고 생각한다. 소통과 설득, 협상에 대해 수없이 생각하고 고민하면서 제대로 배울 수 있었기 때문이다.

나와 전혀 다른 생각, 나에 대한 선입견, 심지어 적대감까지 가진 사람들을 만나 그들과 공감대를 찾고 사실과 논리로 설득해서 결국에는 합일점을 찾았다. 외국 기업에 대한 막연한 불신, 화학 산업에 대한 공포, 얽히고설킨 이해관계, 전혀 다른 신념 체계, 이질적인 사회 문화와 경제적 풍토 등등 서로 간의 차이를 들자면 한도 끝도 없다. 하지만 설득이라는 것은 그런 것이다. 애초부터 비슷한 조건, 비슷한 생각을 가졌다면 설득해야 할 이유가 없다. 전혀 다른 생각, 전혀 다른 목적을 가진 사람과 만나 그가 원하는 것과 내가 원하는 것이 서로 만나는 지점을 찾고 거기서부터 하나하나 문제를 풀어 나가다 보면 어느 순간 나머지 문제가 한꺼번에 풀리게 된다. 이 과정에서 상대방만 나를 오해한 것이 아니라 나 역시 상대방에 대해 선입견을 가지지 않았는지 되돌아보는 것이 무척 중요하다. 그리고 내가 원하는 것만을 주장할 것이 아니라 상대방에게도 이득이 되고 내게도 이득이 되는 합일점이 무엇인지를 찾아내는 것이 문제를 해결하는 지름길이다.

내 경우, 일단 서로에게 도움이 되고 옳은 일이라는 확신이 들면 초지일관 그 원칙을 고수했다. 이렇게 흔들리지 않는 확신에 찬 태도는 상대방에게 믿음을 주었고, 그 후에는 모든 일이 일사천리로 진행되는 경우가 많았다. 소통의 벽이라는 것은 한 번 깨기가 어렵지, 일단 깨지고 나면 쉽게 넘나들 수가 있는 것이다.

비록 프로젝트에는 실패했지만, 나는 그 어디서도 얻을 수 없는 소중한 경험을 했다. 설득과 협상에 관한 새 지평을 열어 준 세 번째 Box Breaking의 순간이었다.

네 번째 Box Breaking
서양인에 대한 콤플렉스를 깨고
그들의 리더가 되다

아시아 비즈니스맨들을 보면서 느끼는 문제점 중 하나는 그들이 서구인들 앞에 서는 것을 매우 두려워한다는 것이다. 영어에 대한 두려움과 서구에 대한 오랜 열등감 때문일 것이다. 나는 다행히도 미국 현지 공장장으로 일하면서 이런 열등감을 깨끗이 씻어 낼 기회를 가질 수 있었다. 반대자들이 나와 같은 인간이듯, 서양 사람들 역시 나와 똑같은 인간이란 것을 알게 된 것이다.

1990년, 그러니까 듀폰 코리아에 입사한 지 3년째 되던 해에 회사에서 갑자기 나를 미국의 공장으로 발령 냈다. 영문을 알 수 없었지만 나는 다시금 미국으로 건너가기로 결정했다.

사실, 당시에는 잘 몰랐지만 듀폰에서는 이미 나를 장차 고위직에 오를 후보로 점찍고 회사 인재 양성 프로그램에 따라 이리저리 돌리기(?) 시작한 것이다. 듀폰의 인재 양성 시스템에 대해서는 나중에 자세히 설명하려 한다.

회사는 나에게 델라웨어 주 윌밍턴에 있는 공장과 테네시 주 뉴존 슨빌 공장, 두 군데 중 하나를 선택하도록 해 주었다. 윌밍턴 공장은 듀폰 본사에서 10킬로미터가량 떨어진 큰 도시에 위치한 공장으로 규모는 작지만 주변 생활 여건이 매우 좋은 곳이었다. 반면 뉴존슨빌 공장은 종업원 천여 명을 거느린 세계 최대의 이산화티타늄 공장으로 공장 시스템이 매우 안정되어 있었지만 워낙 시골이어서 식당이나 식료품점도 몇 개 안 되는, 생활하기 매우 불편한 곳이었다. 나는 면담을 해 본 뒤 뉴존슨빌 공장을 선택했다. 가족은 좀 불편하겠지만 좋은 선배들 밑에서 더 빨리, 더 많이 배울 수 있는 곳이기 때문이었다. 그만큼 내 가능성을 펼칠 기회도 많을 것 같았다.

예상은 틀리지 않았다.

뉴존슨빌의 밀러 공장장은 50대 중반으로 퇴직이 머지않은 사람이었는데, 당시 대퇴부 관절에 문제가 생겨 장기간 입원을 해야 하는 상황이었다. 그는 부공장장으로 갓 부임한 나에게 다짜고짜 "계획이 뭐냐"고 다그쳤다. 나는 당당하게 답했다.

"일단 일주일을 주시면 아이들 학교 문제며, 집안 정리를 끝내겠습니다. 그 후 한 달 동안은 공장 근로자들과 직접 교대 근무를 하며 공장의 공정을 익히겠습니다. 그러고 나서 부공장장으로서 공장장님이 안 계신 동안 공장을 대신 이끌어 나가겠습니다."

지금 생각해 봐도 무척 합리적이고 적극적인 대답이었다. 하지만 산탄총 사격을 즐기는 이 무지막지한 '촌놈' 공장장에게서 돌아온 대답은 기가 막혔다.

"헛소리 집어치워(Bull Shit)! 세상이 너를 기다려 줄 것 같아? 오늘 당장 나가서 하루 안에 집안 문제를 다 정리하고 내일 아침부터 간부 회의를 주관해. 나는 그냥 지켜볼 테니까 알아서 잘해 봐."

공장에 대해 아는 것도 없는데 내일부터 당장 간부 회의를 주재하라니. 머릿속이 멍해졌다. 하지만 어쩌겠는가? 명령인 것을!

다음 날 아침 나는 간부 회의를 주재했다. 회의실에는 긴 책상이 마련되어 있었다. 맨 끝에 밀러 공장장이 앉고, 다른 쪽 끝에 내가 앉았다. 간부들이 양쪽으로 열 명 정도 앉았다. 각 부서를 대표하는 사람들이었다. 상당히 긴장하고 있던 나는 간신히 입을 열어 말했다.

"보고하세요."

그러자 열 명의 간부가 차례로 알아서 상황을 보고했다. 안도의 한숨이 절로 나왔다. 아무 말 안 해도 배턴 터치 해 가며 보고해 주는 그들이 고마울 정도였다. 회의 시간은 그렇게 지나갔다. 나는 보고가 끝나자 이렇게 말했다.

"이제 나가서 일 보세요."

회의가 끝나고, 나는 밀러 공장장의 눈치를 살폈다. 그런데 웬걸, 그 사람은 나더러 잘했다면서 악수를 청했다. 그의 우악스런 손을 잡자마자 갑자기 웃음이 터져 나왔다. 우린 함께 웃었다. 희한하게도 웃음과 함께 나는 그가 내게 무엇을 원했는지 깨달았다. 그는 진실로 내가 책임감을 가지고 일에 뛰어들길 바랐던 것이다. 그는 내가 단 하루도 미루지 않고 공격적으로 리더십을 익히길 원했다. 그의 판단이 옳았다. 하루하루 시간을 끌다 보면 나의 서양 콤플렉스가 슬그머

  너의 꿈을 대한민국에 가두지 마라 ●

니 고개를 쳐들었을지도 모른다.

밀러 공장장은 버지니아 대학교에서 화학 박사 학위를 받은 사람이었다. 켄터키 출신의 촌사람인데, 정이 많았다. 미국 남부 사투리가 조금 섞여서 그런지 말도 촌사람같이 하고 생긴 것도 사실 촌사람 같았다. 유머 감각이 좋아서 언제나 웃는 얼굴로 "I'm so ugly"라고 말하고 다니면서 사람들에게 친근한 이미지를 주었다. 종종 못생긴 사람을 보면, "너 나랑 닮았다"며 농을 하기도 해서 정말 못생긴 사람들은 밀러 공장장이 나타나면 슬그머니 피하는 사단이 벌어지기도 했다. 목소리도 걸걸하고 좀 거친 면도 없지 않았지만, 미국에서 찾아보기 힘든 참 인간적인 사람이었다.

밀러 공장장은 결국 그해 11월 수술을 받고 입원했다. 종종 공장 상황을 묻기 위해 전화를 걸어 왔고, 문병을 가면 활짝 웃으며 반겨 주었다.

공장장이 입원하자, 대신 일할 공장장을 파견하겠다는 연락이 본사에서 왔다. 나는 책임지고 공장을 운영할 자신이 있었기 때문에 본사에 그런 뜻을 비쳤고, 밀러 씨도 김동수라면 잘할 수 있을 거라는 의견을 본사에 전했다. 참 고마운 일이었다.

마침내 나는 그를 대신해서 공장을 책임지고 운영하게 되었다. 이 새로운 도전에서 나는 또 하나의 작은 난관에 부딪혔다.

뉴존슨빌 공장에서는 매년 12월 크리스마스를 즈음해 공장장이 주재하는 디너파티를 연다. 'The State of business Dinner(사업 현황 보고 만찬)'라고 불리는 이 파티는 이름은 다소 딱딱하고 거창하지만, 말하자면 한 해 동안 수고한 근로자들과 그 가족을 공장에 초청해 마음껏 먹고 마시면서 즐거운 시간을 갖고 아울러 간단한 사업 실적 보고도 하는 자리였다. 근로자만도 천 명이 넘고 그 가족과 관계자들을 합하면 수천 명에 이르기 때문에 한 번에 다 할 수가 없어 다섯 번으로 나누어 치렀다.

그해의 파티는 내가 부임한 지 100일도 채 안 되는 시점에 열렸다. 문제는 공장장을 대신해 내가 연설을 해야 한다는 것이었다. 한 번에 천 명 가까운 노랑머리 서양인들 앞에서! 그것도 영어로!

아무리 미국에서 대학을 나오고 회사 생활도 몇 년 했지만, 일대일 대화나 문서상의 작업이 아니고 많은 청중들 앞에서 연설을 하라니 앞이 캄캄했다.

파티는 저녁 일곱 시에 시작되었고, 부부 동반으로 참석한 사람들이 바비큐와 감자구이, 맥주 등 차려진 음식을 먹고 마시는 가운데 즐거운 분위기가 무르익어 갔다. 한쪽에서는 음악을 틀어 놓고 춤을 추는 등 매우 흥겨운 분위기였다.

하지만 나는 점점 머릿속이 마치 이산화티타늄으로 코팅한 듯이 새하얗게 변하면서 식은땀이 흘렀다. 드디어 내가 연설할 차례가 되었고, 한 계단 한 계단 단상으로 오르자 수백 명의 눈길이 일시에 내게 쏠렸다. 시퍼런 레이저 광선 수천 개가 내게 쏟아지는 느낌이었다. 아니, 수천 개가 아니라 수만 개는 되어 보였다. 그들에게 나는 공장장이기에 앞서 태어나서 처음 보는 한국인, 아시아 인이었다. 나는 긴장했다.

사람들에겐 누구나 '안전지대(Comfort Zone)'라는 게 있다. 이렇게 많은 사람 앞에서 연설하는 일은 내 안전지대 밖으로 벗어나는 일이었다. 마치 무슨 테스트라도 받고 있는 기분이었다. 주어진 시간은 고작 10분 내지 15분 정도였지만, 나는 이 짧은 시간을 위해 일주일 전부터 준비해 왔다. 그런데 막상 단상에 오르자 준비한 내용이 하나도 기억나질 않았다. 세상에!

"참석해 주신 여러분 감사합니다. 가정에서 많은 도움을 주었기 때문에 오늘의 좋은 결과가 있을 수 있었습니다. 앞으로도 계속 한 팀으로 열심히 일해서 내년에도 좋은 성과를 거둡시다. 항상 안전을 염두에 두고 잘해 봅시다."

이렇게 시작된 연설은 생각나는 대로, 입에서 나오는 대로 두서없이 흘러갔다. 공장 얘기가 나왔다가 사업 현황이 튀어나오는 등, 내가 무슨 말을 하는지조차 알 수 없었다. 준비한 원고는 깡그리 무시되었다.

마지막으로 몇몇 직원에게 상장과 상금을 수여하고 단상을 내려와 앉으니 셔츠가 다 젖어 있었다. 그때를 생각하면 지금도 얼굴이 화끈거린다. 오줌을 안 지린 게 다행이랄까. 그런데 묘하게 기분이 개운했다. 큰 고비를 넘긴 것 같은 기분이었다.

한 번 했으니 이제 네 번이 더 남았다. 그런데 놀랍게도 두 번째, 세 번째 연설을 하면서 사람들 앞에 서는 일에 점점 익숙해지더니, 마지막 연설에서는 농담까지 할 정도로 연설을 즐기고 있었다. 나의 안전지대가 나도 모르는 새 그만큼 넓어진 것이다.

동양이나 서양이나 인간의 기본은 같았다. 나는 서양인들을 설득하고 감동시킬 수 있었다. 그걸 깨닫는 순간 그들의 리더가 될 수도 있겠다는 확신이 들었다.

한번은 이런 일도 있었다.

뉴존슨빌 공장에서는 직원이 자기 직무 이상의 특별한 공을 세우면 보너스를 주는 제도가 있었다. 보너스는 대부분 돈으로 지급되는데, 기여도에 따라 금액에 차이를 두었다. 하루는 내 바로 밑에 있는 간부 직원이 평사원 하나를 데리고 내 방에 들어왔다. 무슨 일이냐고 했더니 그 간부 직원이 이렇게 말했다.

"이 사람이 훌륭한 성과를 보여서 보너스로 1,500달러를 주기로 했는데, 자기가 생산성 향상에 기여한 것에 비하면 보너스가 너무 적다고 합니다. 그래서 안 받겠다는데, 공장장님, 어떻게 하면 좋겠습니까?"

내가 인상을 잔뜩 찌푸리고 있는 그 근로자에게 왜 그러냐고 물어보았다. 서른이 갓 넘은 젊은 생산직 근로자였다.

"저 때문에 회사가 큰돈을 벌게 되었는데 그에 비해 제 보너스가 너무 적다고 생각합니다."

그러나 그에게 주기로 한 액수는 규정에 의한 것이었고 나는 규정을 따를 수밖에 없었다. 듀폰에서 규정이란 단순한 글자가 아니라 철두철미하게 따라야만 하는 절대 원칙인 것이다. 작은 원칙 하나가 무너지기 시작하면 기업의 철학과 비전도 조만간 흔들릴 것을 알기에 나는 타협 대신 설득을 선택할 수밖에 없었다.

"규정에 따라서 이만큼이라도 주는 건데 그냥 받으시죠."

"싫습니다. 이걸 받느니 차라리 안 받고 말겠습니다."

난감했다. 규정에 따라 더는 못 주겠다고 말해서 근로자의 사기를 떨어뜨릴 수는 없었다. 어떻게 해야 저 사람이 기쁜 마음으로 돈을 받을 수 있을까. 고심 끝에 나는 내 어린 시절 이야기를 들려주었다.

"아마 당신도 한국 전쟁에 대해서 들어 본 적이 있을 겁니다. 저는 한국 전쟁이 한창일 때 한국에 있었습니다. 제 나이 대여섯 살 정도였죠. 전쟁 직후, 집에 먹을 게 없어서 너무 힘들었어요. 어린아이가 먹고 싶은 게 얼마나 많았겠어요. 그래도 생일이면 어머니가 계란을 삶아 줬어요. 그런데 형제가 열 명이나 되다 보니 그 계란도 한 사람한테 하나씩은 못 주고 반 개씩만 돌아갔어요. 계란은 칼로 자르면 예쁘게 안 잘라지죠. 어머니가 형제들끼리 싸울까 봐 명주실로 가운데를 갈라 예쁘게 반으로 나누어 우리한테 줬어요. 그 계란 반쪽이 저는 너무 맛있었어요. 지금도 그 계란 맛을 잊을 수가 없어요. 사람이 계란 반쪽으로도 행복해지려면 얼마든지 행복해질 수 있고, 1,500달러로도 불행하다고 느낀다면 불행할 수 있는 겁니다. 당신이 행복을 느끼든 불행을 느끼든 전적으로 당신의 선택에 달렸습니다."

그 친구의 표정이 달라졌다. 잠깐 생각하는 듯하더니 이렇게 말했다.

"미안합니다."

그러고는 1,500달러를 받아 가며 고맙다는 말을 되풀이했다. 이 이야기는 금세 공장에서 회자되었다. 내 착각인지는 몰라도 사람들이 나를 대하는 태도가 조금 달라진 걸 느낄 수 있었다. 그 이후로도 그 직원은 여러 번 나를 찾아와서 미안하고 고맙다고 말했다.

뉴존슨빌에서의 경험을 통해 나는 또 하나의 상자를 깨고 내 세계를 넓혔다. 세상 어디를 가나 인간은 기본적으로 비슷한 구석이 있다는 걸 알게 되었다. 역사와 문화는 다르지만, 누구나 자신을 알아주길 바라고, 마음을 나누고 싶어 하고, 좋은 성과를 올리고 싶어 한다. 동양인이나 서양인이나 다 마찬가지다.

그런 사실을 깨닫는 순간 나는 서구인에 대한 막연한 콤플렉스를 떨쳐 버릴 수 있었다. 그들도 올바른 원칙과 열린 마음으로 대한다면 얼마든지 설득할 수 있고, 나에게 협조하도록 만들 수 있는 그런 '사람'이었던 것이다.

다섯 번째 Box Breaking

'책상물림 경영자'라는 상자를 깨뜨려 준 세일즈 경험

미국 뉴존슨빌 공장장 생활을 마치고 나는 다시 한국으로 돌아왔다. 듀폰 울산 공장의 공장장으로 발령받은 것이다. 당시 울산 공장은 최저 수준으로 가동되고 있었다. 공장이 낮에만 돌아간다는 것은 곧 문을 닫을 수도 있다는 말이었다. 벌써 일 년이나 그런 상태였다. 울산은 아시아에서도 손꼽히는 화학 중심지인 만큼 그곳의 공장이 그런 상태에 빠졌다는 건 듀폰의 아시아 사업에도 상당한 차질이 생겼다는 의미였다.

어떻게 해야 이 문제를 풀 수 있으려나?

상당히 고민스러운 문제였다. 무작정 가동률만 높인다고 될 일이 아니었다. 그런데 본사에서 전혀 예기치 못한 해결 방안을 제시했다.

"D.S. Kim, 아시아를 대상으로 세일즈를 한번 해 봅시다."

"예, 제가 세일즈를요?!"

한마디로, '가서 물건을 팔아 오라'는 것이었다. 나는 그런 비즈니스는 한 번도 해 본 적이 없는 사람이었다. 몹시 당혹스러웠다. 사탕 하나 팔아 본 적이 없는 내가 어디 가서 무슨 수로 화학 제품을 판단 말인가. 하지만 곰곰이 생각해 보니 판로를 개척하는 것 말고는 울산 공장의 위기를 헤쳐 나갈 방도가 없었다. 또한 왠지 모르게 이게 또 하나의 '기회'라는 생각도 들었다. 지금껏 내가 해 보지 못했던 새로운 일을 할 기회 말이다. 나는 그 제안을 받아들였다.

사실 뉴존슨빌에서 공장장으로 일한 것도, 한국에 공장을 유치하기 위해 동분서주한 것도 모두 어찌 보면 이전에는 해 보지 못한 일이었다. 그런 일에 도전함으로써 내가 갇혀 있던 기존의 낡고 좁은 상자를 깨뜨린 것이다. 그렇다면 세일즈는 왜 안 된단 말인가!

물론 그 성과를 책임질 수는 없었다. 내가 잘할 수 있다고 확신하는 일도 아니었다. 이래저래 세일즈란 것은 내가 안주해 왔던 안전지대(Comfort Zone)를 벗어나는 일이었던 것이다. 말하자면 투수가 갑자기 타자를 하게 된 셈이다. 그것도 9회 말 2아웃 상황에. 내가 가진 것은 부딪쳐 보자는 배짱밖에 없었다.

운명이 내 편이었던 걸까? 지금 생각해도 참 신기한 일이 일어났다. 나 같은 초짜의 눈에 베테랑 영업자들도 눈치 채지 못한 커다란 기회가 포착된 것이다. 바로 나의 첫 번째 고객인 한국 안전유리였다.

한국 안전유리는 규모가 굉장히 큰 업체였는데, 믿어지지 않게도 누구 하나 그 회사에 관심을 갖지 않았다. 그들은 매우 힘들게 재료를 구해서 제품을 만들고 있었다. 나는 득달같이 달려가서 회장을 직접 만나 담판을 했다. 듀폰 제품의 장점과 듀폰 공장의 생산 능력, 그

 ● 너의 꿈을 대한민국에 가두지 마라 ●

리고 듀폰과 거래함으로써 한국 안전유리가 얻게 되는 이점 등에 대해 간략하게 브리핑을 했다.

"회장님, 저희 듀폰 코리아가 질 좋고 값싼 재료를 더 안정적이고 빠르게 공급해 드리겠습니다. 한국에 공장을 둔 좋은 공급원을 외면하고 외국에서 수입해 온다면 앞으로 그 어느 글로벌 기업이 한국에 공장을 짓겠습니까?"

내가 무슨 요술 단지를 내민 것도 아니었다. 너무나 상식적이고 빤한 제안을 한 것에 불과했다. 그런데 기적같이 'OK' 사인이 떨어졌다. 예상보다 너무 싱겁게 결정이 내려져 어안이 벙벙할 지경이었다. 울산 공장에 활력을 불어넣어 줄 몇백만 달러 규모의 비즈니스가 단 몇 시간 만에 성사된 것이다.

지금도 의아한 것은, 왜 그토록 큰 기회를 다들 그냥 지나쳤는가 하는 점이다. 아마도 상대가 너무 큰 회사라 대부분의 업체가 지레 겁을 먹고 포기했는지도 모른다. 설마 우리와 거래를 하겠어, 하면서 말이다. 사람은 '저건 나와는 상관없어' 하고 선입관을 갖는 순간부터 눈뜬장님이 되는 게 아닌가 싶다. 그리고 사실은 그렇기 때문에 아무리 치열한 경쟁이 벌어지는 곳이라도 비집고 들어갈 틈이 있는 것이다. 어찌 보면 이것은 세일즈를 비롯한 모든 비즈니스에서 성공할 수 있는 하나의 숨겨진 비밀일지도 모른다.

그날 이후부터 나조차 상상하지 못했던 성과가 나오기 시작했다. 직접 세일즈를 하며 돌아다니기 시작한 지 일 년 만에 공장 가동률이 크게 상승한 것은 물론이고, 일본 시장 점유율도 30퍼센트까지 올라갔다. 일본에서는 우리 물건을 보관할 수 있도록 냉동 창고를 하나 지어 주겠다는 간단한 제안 하나로 매해 수백만 달러의 매출을 올릴 수 있는 큰 비즈니스를 성사시킨 적도 있다. 세일즈의 신참이다 보니 아무래도 참신한 아이디어가 마구 솟구쳤던 모양이다.

사실 운도 따라 주었다. 당시 엔화가 급등하는 바람에 국제 시장에서 한국 제품이 가격 경쟁력을 갖게 된 것이다.

본사에서는 나에게 점점 더 큰 비즈니스를 맡겼다. 나는 유리 업계뿐 아니라 페인트 관련 비즈니스까지 맡아 아시아 곳곳을 돌아다니며 세일즈 활동을 했다. 그리고 나는 해마다 승진했다. 전례 없던 일이었다. 공장장에서 상무 공장장으로, 다시 전무 공장장으로, 그리고 부사장 공장장으로 승진했다.

공장에서 일하는 게 내게 맞는 일이라고 계속 공장 근무만 했더라면 나는 딱 공장장으로 끝났을 것이다. 두렵고 힘들었지만 세일즈에 뛰어들면서 나는 한층 능력을 인정받았고, 내 능력에 한계가 없다는 사실을 깨닫게 되었다. 그 결과가 초고속 승진으로 나타났다.

사람에게, 자신의 한계를 뛰어넘어 크게 성장할 수 있는 기회는 일생에 한두 번밖에 오지 않는다. 그리고 그런 기회는 안전지대를 뛰어넘어야만 찾아온다.

직접 세일즈를 해 보니 돈과 상거래에 관한 나라별 특성이 적나라하게 파악되었다. 특히, 일본인과 중국인은 많이 다르다.

일본 사람들은 모든 게 정확해야 물건을 팔 수 있다. 제품 자체의

   ● 너의 꿈을 대한민국에 가두지 마라 ●

품질도 품질이지만, 포장 하나도 하자 없이 확실히 해야 하고, 배달 날짜도 정확히 지켜야 한다. 기술적인 서비스를 요구하면 언제든지 제공할 수 있어야 하고 방문하는 사람도 예의를 잘 갖추어야 한다. 또한 인사를 깍듯이 하고 열심히 임하는 태도를 보여 주어야 한다.

일본인들은 아무리 손님이라도 절대 공급자를 접대하는 일이 없다. 오히려 방문한 공급자 측에서 접대를 해야 한다. 또한 일본인에게는 물건에 대해 솔직하게 얘기해 줘야 한다. 일본인은 한번 못 믿겠다는 인상을 받으면 거래를 포기해 버린다. 일본 고객과의 비즈니스는 그것으로 끝이다. 그리고 일본인에게는 물건의 가격을 올리는 일이 정말 힘들다. 비즈니스를 잃을 각오를 하고 가격을 올려야 한다.

이렇게 해서 일단 거래가 성사되면 일본인들은 빚을 내서라도 기한 내에 물건 값을 지불한다.

중국은 다르다. 중국과의 비즈니스를 생각하면 가장 먼저 떠오르는 것이 상하이 식당의 자욱한 담배 연기다.

중국인은 일본인들과는 달리 아무리 공급자라 하더라도 손님을 무조건 대접한다. 그래서 나는 찾아갈 때마다 담배와 술 등을 가지고 가서 선물했다. 그러면 사람들은 그에 대한 예의로 내가 보는 앞에서 일제히 내가 선물한 담배를 피웠다. 담배를 피우지 않는 나는 좁은 방에 자욱한 담배 연기 때문에 고생한 적도 많다. 그런 분위기에서 협상이 시작된다.

중국인들과는 좋은 관계가 형성될 때까지 굉장히 큰 노력이 필요하다. 믿음을 주고, 존경하는 모습을 보여 줄 필요가 있다. 그런데 그런 관계가 한번 형성되고 나면 그 후로는 장사하기가 매우 쉽다. 그 관계는 쉽게 무너지지 않는다. 중국인들은 의리에 살고 의리에 죽는다. 그래서 중국인들은 품질이 조금 나빠졌다 해도 이해를 구하면 용서해 주고, 배달이 조금 늦어졌다 해도 잘 설명하면 양해해 준다.

중국인들에게는 가격을 올리기도 쉽다. 그 이유는 아직도 대부분의 기업체가 정부 투자 기관이기 때문이다. 자기 돈이 아니므로 가격을 올리는 것에 대해 민감하지 않다. 단, 중국인들은 대금을 잘 지불하지 않는다. 그에 대해 크게 신경도 쓰지 않고, 다급해서 재촉하면 준다는데 왜 그러냐고 오히려 성을 낸다. 답답한 경우가 많았다. 듀폰은 제품을 넘기고 30일 이내에 돈을 받는 것을 목표로 한다.

하지만 나라마다 다른 특성에도 세일즈하는 입장에서 듀폰이 고수해야 할 원칙이 있었다. 이 업계는 기술 경쟁이 치열하기 때문에 계속해서 신제품을 개발해 팔아야 한다. 그러다 보면 기존 제품은 시간이 흐를수록 가격이 떨어지게 마련이다. 다시 말해 능력 있는 비즈니스맨은 더 비싼 신제품이 나올 때마다 어떻게 해서든 기존 제품을 대체해 제값을 받고 팔 수 있어야 한다. 클라이언트 입장에서는 제품 가격이 계속 오르는 것처럼 느껴질 것이고, 그걸 설득하는 것이 세일즈맨의 일이다.

나는 이 일을 하면서 정확하고 솔직한 정보를 바탕으로 상대방을 설득하는 것 이상의 방책이 없다는 것을 알게 되었다. 특히 일본과의 거래에서는 그렇다.

한번은 글로벌 디렉터와 함께 세계 최대 유리 메이커인 일본의 아사히 사를 찾아간 적이 있었다. 제품 가격을 인상해야 했기 때문이었다. 앞에서 말했듯이 일본 회사는 가격을 인상하려면 거래를 잃을 각오를 해야 한다. 나는 아사히 임원들 앞에서 가격을 올릴 수밖에 없는 이유를 조목조목 설명했다. 제조 책임자의 입장에서 개발 및 연구원으로 일했던 경험도 들려주고, 경영자의 시각에서도 이야기했다.

털끝만큼의 과장이나 거짓말도 섞지 않았다. 모든 것을 사실에 입각해 솔직하게 말했다. 더 좋은 제품을 개발하기 위해 연구에 얼마나 노력과 비용을 쏟는지 이야기했고, 새로운 제품이 과거 제품보다 얼마나 더 좋은지 비교 설명했다.

마침내 설득은 통했고, 가격 인상이 통과되었다.

그런데 미팅이 끝나자 옆에서 가만히 듣고만 있던 글로벌 디렉터가 나에게 이렇게 말했다.

"당신은 타고난 세일즈맨이다. 얘기를 듣다가 너무 감격해서 눈물이 나올 뻔했다!"

심지어 그는 미국에 돌아가서도 "당신은 앞으로 훌륭한 비즈니스맨으로 성공할 수 있을 것 같다"는 메일을 보내기도 했다. 이런 일들을 통해 나는 회사에 '무슨 일이든 할 수 있는 사람'으로 알려지기 시작했다. 그것은 좋은 징조였다. 실제로 나에게는 도약의 기회가 다가오고 있었다.

하지만 당시의 나는 이러한 일들이 구체적으로 어떤 기회를 가져올지 전혀 짐작하지 못했다.

여섯 번째 Box Breaking
스스로 그어 놓은 한계를 딛고
글로벌 기업의 CEO가 되다

1995년 초, 홍콩에서 아시아 사업부장 회의가 있었다. 당시 아시아·태평양 회장이었던 홀리데이(현 듀폰 회장) 씨가 회의를 주재했다. 회의가 끝나고 다 함께 인근 식당에서 저녁을 먹은 후 숙소로 돌아오는데, 홀리데이 회장이 나를 찾았다. 그리고 뜻밖의 말을 했다.

"D.S., 본사에 가서 근무할 생각은 없습니까?"

나는 들떴다. 그러나 흥분을 가라앉히고 생각해 보니, 부모님 걱정이 앞섰다. 당시 아버지 어머니와 함께 살고 있었는데 두 분 다 연로하셨다. 다시 한국을 떠난다는 말씀을 드리기가 죄송했다.

회장에게 미국에서 내가 무슨 일을 할 수 있느냐고 물었다. 그는 '불소 사업부에서 일고여덟 개 공장을 총괄 관리하는 제조 담당자로 일하게 될 것'이라고 했다. 듀폰의 '사업부'라는 것은 우리나라 대기업으로 치면 계열사와 같은 것으로 듀폰 내에는 총 19개의 사업부가 있다. 제조 담당자는 그 사업부의 2인자 자리이다. 세계 시장에서 원료를 사서 제조 공정을 거쳐 다시 세계 시장에 내보내기까지 모든 과정을 총괄하는 중요한 자리였다. 쉽게 거절할 수 없는 제의였다. 듀폰 200년 역사상 최초로 아시아 인에게 주어진 기회였다.

나는 'No'라고 답할 수 없었다.

집에 와서 아버지께 말씀드렸더니 아버지는 한번 가서 해 보라고 하셨다. 그런데 그해 2월, 발령을 기다리고 있던 중 아버지가 돌아가셨다. 정식으로 발령이 난 것은 1995년 6월이었다.

다시 짐을 싸서 가족과 함께 미국행 비행기를 타려 하니 혼자 계신 어머니가 몹시 마음에 걸렸다. 당시 어머니는 치매까지 걸려 고생하고 계셨는데, 그런 어머니를 두고 간다는 생각에 마음이 아팠다.

떠나던 날, 어머니께 마지막으로 인사를 드렸지만 치매에 걸린 어머니는 아무리 설명해도 알아듣지 못했다. 내가 떠난다는 사실조차 몰랐다. 집을 나와 아파트 현관문을 닫자 울음이 복받쳤다. 도저히 참을 수가 없었다. 나는 그 자리에 주저앉아 미친 듯이 대성통곡했다. 간병인 아주머니가 그 소리를 듣고 놀라서 뛰어나왔다.

나는 지금도 종종 내가 그때 너무 비인간적이었다고 자책한다. 출세를 위해서 치매에 걸린 어머니를 두고 한국을 떠났다는 생각에 죄의식에 빠지곤 한다. 형과 누나 들이 어머니 곁에 있었지만 아프신 분을 '버려두고' 떠난 것이 지금도 한스럽고 죄스럽다. 비록 그 선택 덕분에 내가 지금의 자리에 오를 수 있었지만.

그렇게 어렵사리 한국을 떠나 나는 듀폰 본사에 발을 내디뎠다. 그곳은 참 활기찬 곳이었다. 최고의 인재들이 모여 있었고, 강한 성취 의식과 도전 정신으로 부글부글 끓고 있었다. 나는 '이곳이야말로 내가 있을 곳이다'라는 생각에 마음이 흡족했다.

앞서 말한 바와 같이, 나는 그곳에서 에어컨 등에 들어가는 냉매와 테프론 코팅 재료를 만드는 불소 사업부의 제조 책임자로 일했다. 산에 강한 재질인 테프론은 산이 흐르는 파이프 등을 만드는 재료다. 불소 사업부 사장은 조 글래스(Joe Glass)라는 백인 남자였다. 나는 그와 호흡이 잘 맞았다. 제조 책임자로서 나는 보스에게 잘 보이고 싶어서 최선을 다해 일했고 그만큼 성과도 좋았다.

사장은 내게 이렇게 말했다.

"D.S., 당신은 내가 뭔가를 부탁하려고 하면 벌써 그 일을 하고 있어요."

그는 그렇게 나를 높이 평가해 준 사람이다. 3~4개월을 근무하고 나자 그가 말했다.

"당신은 제조 책임자로만 있기에는 아까운 사람이에요."

그저 기분 좋으라고 하는 소린 줄 알았는데 그게 아니었다. 며칠 후 그는 내게 불소 화학 제품 사업부의 사업 책임자로 일해 보면 어떻겠느냐고 했다. 제조 책임자가 제조에 관한 모든 것을 책임지는 자리라면, 사업 책임자는 만들어진 제품을 가지고 비즈니스를 하는 역할이었다. 이번에도 나는 하겠다고 말했다.

그 제의를 수락하고 며칠 후, 이번엔 사장이 다시 나를 불러 본사

수석 부회장을 만나보라고 했다. 본사 부회장은 각 사업부의 사장들도 좀처럼 만나기 힘든 상사였으므로 무슨 일이냐고 물었다.

글래스 사장은 그냥 빙긋이 웃으며 "아마 좋은 얘기를 들을 겁니다." 하고 말 뿐 자세한 이야기를 해 주지 않았다.

본사 수석 부회장과의 만남은 듀폰 호텔의 한구석 자리에서 이루어졌다.

"D.S., 부직포 사업부를 한번 맡아보시겠습니까?"

수석 부회장은 나에게 19개 사업부 중 하나인 부직포 사업부의 사장, 그러니까 현재 내 보스인 글래스 씨와 같은 직급을 제의했다. 나는 정말로 그가 농담을 하는 줄 알았다.

"하하, 조크하지 마세요. 진짜 나를 보자는 이유가 뭡니까?"

"나는 당신에게 정말 사업부 책임자 자리를 제안하고 있습니다."

"……."

어떻게 돌아가는 것인지 도무지 정신이 없었다.

알고 보니 내 보스 글래스 씨가 수석 부회장에게, "D.S.는 제조 책임자뿐 아니라 사업 책임자도 할 수 있는 능력이 있으니 불소 화학 제품 사업부 사업 책임자로 옮겨 달라"고 제의를 했고, 그 말을 들은 부회장은 그 사람이 두 파트를 모두 담당할 능력이 있다면 한 사업부의 사장을 맡겨도 되겠다고 생각했다는 것이다.

생전 처음으로 '못하겠다'고 말했다.

그가 당황하는 것이 느껴졌다.

"왜죠?"

나는 너무 짧은 시간 동안 너무 많은 단계를 거쳐 승진했다. 갑자기 부담이 몰려왔다. 수석 부회장이 제안한 자리는 듀폰 전체에서 서열 50위 안에 드는 자리였다. 말하자면 재벌 기업의 계열사 사장 자리였던 것이다. 내가 감당하기에는 벅차다는 생각이 들었다. 나는 솔직히 말했다.

"그 자리가 어떤 일을 하는 자리인지도 잘 모릅니다."

그는 좀 더 생각해 보고 내일 다시 얘기하자고 했다.

그길로 내 보스, 글래스 씨를 찾아갔다. 사정을 얘기했더니, 그는 "당신은 충분히 할 수 있다"고 말해 주었다.

그날 나는 집에 일찍 들어왔다. 아내와 이야기하고 싶었다. 그 복잡한 감정을 다른 누구와도 상의할 수가 없었다. 그것은 회사에서 내 격이 달라지는 문제였다. 월급도 50퍼센트 이상 오르는 일이었다. 마냥 좋아야 하는데, 선뜻 판단할 수 없었다. 그만큼 어려운 자리였다. '나'라는 아시아 인에게 이런 큰 제의가 오리라고는 상상하지 못했다. 그때 이미 나는 제조 담당자가 된 것으로도 내 목표를 초과 달성한 것이라고 만족하고 있었다. 1995년, 내 나이 마흔아홉 살이었다.

집에 들어오니 아내가 단번에 내 표정을 읽었다.

"회사에서 무슨 일 있었어요?"

아시아 지역을 담당했을 때만 해도 미국 사람들은 언제나 나를 칭찬하고 도와주려고 했다. 제조 책임자로 올라간 후부터 그들은 나를 선뜻 칭찬하고 도와주려 하지 않았다. 그때부터 나는 그들의 경쟁자가 된 것이다. 그 전에 잘 도와주던 사람들도 갑자기 다른 태도를 취했다. 미국 사회에서 미국 사람들과의 진짜 경쟁이 시작된 것이다.

아내 역시 내 이야기를 듣고는 크게 당황하는 표정을 지었다. 그러더니 차분한 목소리로 주저하는 이유가 무엇이냐고 물었다. 나는 그 일이 어떤 일인지 자세히 모르고, 그렇게 큰일을 감당해 낼 자신도 없다고 말했다.

아내는 말했다.

"당신에게 그렇게 제의한 홀리데이 씨는 당신을 잘 아는 사람이에요. 또 그 사람은 전에 그 자리에 있어 봐서 어떤 일을 하는 자리인지도 잘 알고요. 그가 그런 제의를 한 것은 당신이 그 일을 할 수 있다고 판단했기 때문이에요. 그를 한번 믿어 보세요. 일단 해 보고, 만일 정 어려워서 못하겠으면 그때 그만두면 되죠. 설사 회사를 그만둔다 해도 당신의 경험과 능력을 살 사람은 많을 거예요."

아내의 말을 들으니 용기가 났다. 그때 나는 '내 아내가 정말 대단한 여자구나' 라고 느꼈다. 안심이 되면서 할 수 있다는 자신이 생겼다. 그때 아내가 내게 그런 격려와 용기를 준 것을 지금도 감사하고 있다.

아내는 이렇게 덧붙였다.

"이왕 할 거면, 내일까지 기다리지 마세요. 지금 당장 집에 전화해서 한다고 하세요. 좋은 제의를 한 사람이 얼마나 당황했겠어요. 지금 전화하세요."

놀라웠다. 나는 그 즉시 홀리데이 씨에게 전화를 걸어 '하겠다'고

했다. 그도 그 말을 듣고 무척 기뻐했다.

그렇게 해서 나는 드디어 세계무대로 나섰다. 일 년 중 반은 출장을 다녔다. 듀폰의 계열사 사장으로서 사업부 하나를 도맡아 완전히 책임져야 하는 막중한 자리였다. 일은 대개 잘 풀렸지만, 불편한 점이 하나 있었다. 과거 내 보스였던 사람들 대부분이 내 부하가 되어버린 것이다. 그러나 6개월이 지나자 어색함이 사라지고 처음엔 도저히 할 수 없을 것처럼 무서웠던 일도 별게 아니라고 느껴졌다. 무슨 일이든 처음 6개월이 힘들다. 6개월만 죽을 각오로 버티고 노력하면 안 되는 일이 없다. 그렇게 1년 10개월을 보냈다.

나는 그때 왜 그렇게 두려워했던 것일까? 실패에 대한 두려움일 수도 있고, 자신에 대한 불신이었을 수도 있다. 하지만 해 보고 나서 나는 알았다. 도전해 보지 않고 스스로에 대해 판단을 내린다는 것은, 선입견 그 이상도 그 이하도 아니라는 것을. 물론 도전하기로 했다면 끝까지 책임을 져야 한다. 실패든 성공이든 그 결과를 온전히 떠안을 때 사람은 한층 성숙하는 것이다.

일곱 번째 Box Breaking
한계는 없다

1997년, 아시아에는 외환 위기가 전염병처럼 번지고 있었다. 1998년 여름, 그룹 총수인 홀리데이 회장이 나를 불렀다.

"D.S., 당신이 직접 아시아로 가서, 듀폰이 앞으로 아시아에서 계속 사업을 해도 좋을지 판단해 보세요. 그리고 2~3개월 내에 그에 관한 보고서를 제출해 주었으면 합니다."

홀리데이 회장의 부탁은 자못 심각했다. 아시아라는 거대한 시장 전체 비즈니스의 존폐가 거론될 정도면 상황이 정말 심각하게 돌아가는 게 분명했다. 아닌 게 아니라 듀폰을 비롯해서 당시 아시아 비즈니스에 투자한 기업이나 개인들은 아시아에 대한 투자가 미친 짓이었다며 후회하는 기색이 역력했다.

아시아 출신인 나로서는 상당히 부담스럽고 어깨가 무거워지는 책무였다. 한편으로, 아시아 출신으로서 아시아의 가능성과 한계를 뼛속 깊이 이해하는 입장에서 서구인과의 사이에 넘을 수 없는 벽이 느껴지기도 했다. 나는 외환 위기라는 매우 불리한 사태 속에서 그 단절의 골을 메워야 했던 것이다.

나는 짧게 답했다.

"네, 60일 안에 끝내겠습니다."

대충 결론을 정해 놓고 입맛에 맞게 보고서를 쓰겠다는 게 아니었다. 어디를 찾아가서 누구에게 물어보아야 정확한 판단을 내릴 수 있을지 감을 잡고 있었기에 비교적 자신 있게 대답했다. 거기에는 한화에서의 경험이 밑바탕이 되었고 아시아 비즈니스의 경험도 큰 도움이 되었다.

나는 곧장 아시아로 날아갔다. 그리고 100여 명에 이르는 다국적 기업의 리더들과 아시아 경제학자들, 투자 전문가, 기업 실무자, 은행장 등을 만나고 다녔다. 결론은 내 생각보다도 빠르게 나왔다.

"지금 이 사태는 외환 관리를 잘못해서 생긴 단순한 환란일 뿐, 아시아 경제의 펀더멘털(Fundamental)은 튼튼하다. 아시아 경기는 곧 회복될 것이다."

나는 그렇게 보고서를 작성해서 회장에게 제출했다. IMF는 말 그대로 환란, 그 이상도 이하도 아니었다. 순식간에 발생한 환난으로 인한 위험일 뿐이지 총체적인 경제 위기는 아니었다. 내 판단으로는 아시아에서도 특히 중국과 인도의 발전 가능성이 매우 높았다. 더구나 이 사태를 계기로 아시아 대부분 국가의 기업들이 부실을 털어 내고 내실을 다지기 위해 각고의 노력을 하고 있었다. 즉, 성장 위주로 부피만 키워 오던 한국이나 일본 등지의 회사들이 엄청난 잠재력을 지닌 기업 구조로 탈바꿈하고 있었던 것이다. 물론 망하는 기업들이 있을 수 있지만, 그런 기업들은 견실한 기업에 흡수될 것이고, 그렇게 되면 기업 환경은 더 좋아질 것이라고 생각했다.

당시 듀폰 본사 내에서는 회의적인 분위기가 팽배했지만 회장은 내 보고서를 믿었다. 그리고 나에게 말했다.

"D.S., 당신이 직접 가서 아시아 사업을 맡아 주시오."

"!!!"

나는 그렇게 '말'에 대해 책임을 지게 되었다. 듀폰 205년 역사에 최초로 지역 출신으로 지역 책임자가 되는 영광을 누리게 되었지만, 마음이 마냥 가볍지만은 않았다. 이전의 사업부 사장보다도 지위가 높은, 서열 30위 안에 드는 중책을 맡았기 때문이기도 하지만, 그보다 아시아라는 성장하는 시장, 미래에 듀폰이 가장 관심과 정력을 기울여야 할 시장에 대한 책임이 무거웠기 때문이다.

1998년 10월 1일, 나는 듀폰 아시아 · 태평양 본부 회장의 직무를 수행하기 위해 도쿄로 옮겨 갔다. 물론 가족도 함께.

전에 그 자리에 있었던 홀리데이 회장이 나와 함께 도쿄에 들어와서 나를 각 기업체 CEO들에게 소개해 주었다. 일본 사회에서는 누가 소개하는지가 매우 중요하다. 회장이 나를 주요 CEO들에게 소개해 준 것은 내가 일본에서 활동하는 데 큰 힘이 되었다. 그리고 2000년, 듀폰 아시아 · 태평양은 20퍼센트라는 경이적인 성장을 이루었다. 일본을 제외한 아시아 전체가 급격한 성장을 기록했다.

지금 나는 10년째 아시아 · 태평양 사업을 담당하고 있다. 그 10년 동안 아시아·태평양 본부의 비즈니스는 세 배의 성장을 이루었다.
사실 10년을 버텨 낸다는 것이 쉽지는 않았다. 그리고 여기가 나의
한계일 수도 있다. 물론 위로 더 올라가지 못한다 해도 결코 좌절하
거나 패배했다고 생각하지는 않는다. 내가 그어 놓은 한계를 아시아
인 중 또 다른 누군가가 넘어설 것이라 믿기 때문이다.

변화에는 고통이 따른다. 변화와 현상 유지 중 그 무엇을 선택하든 후회는 남을 수 있지만, 특히 변화를 선택한 경우에는 몸과 마음이 고달프고 외롭다. 외로운 이유는 그 결과에 대해 자신이 온전히 책임을 져야 하기 때문이다. 때로는 선택한 변화가 전보다 못한 삶을 가져오기도 한다. 그렇게 변화란 위험 부담이 따르는 것이다.

그러나 그 두려움을 이겨 내고 변화를 선택하지 않으면 발전이란 없다. 투자를 해서 엄청난 갑부가 된 사람들, 전장에 나가 혁혁한 공을 세우고 영웅이 된 장군들, 그 밖에 우리가 아는 대부분의 위대한 인물들은 모두 변화를 선택한 사람들이다. 투자를 하지 않으면 돈을 잃을 일이 없고 전장에 나가지 않으면 목숨을 잃을 일이 없다. 그러나 그들은 '변화'를 선택했다. 왜? 자신의 꿈을 이루기 위해서다.

나를 칭칭 동여매다시피 한 상자를 깨고 바깥으로 나오면 처음에는 그 고통이 이루 말할 수 없다. 끝날 것 같지 않은 고통 속에서 후회도 밀려온다. 하지만 고통에도 '유통 기한'이라는 것이 있다.

나에게는 그 시간이 대개 6개월이다. 나를 보호하면서도 구속하던 상자를 깰 때마다 나도 고통스러웠다. 이렇게 글로 쓰면서 회상하자니 마치 '아름답던 그 시절'처럼 느껴진다. 하지만 당시에는 그렇지 않았다. 누가 나더러 그 시절로 돌아가라고 한다면, 솔직히 말해서 나도 두렵다.

그래도 나는 내 꿈을 이루기 위해 항상 앞으로 나아가는 길을 택했다. 그것을 선택함으로써 내가 잃는 것에 대해서는 생각하지 않았다. 그래야만 했고 그럴 수밖에 없었다.

내가 생각하기에, 사람이 상자를 깨고 바깥으로 나가면 자기 안에 있던 약한 것들, 부족한 부분들도 덩달아 깨져 나가는 것 같다. 그리고 나의 강점들이 드러나면서, 빛을 받아야 빛나는 다이아몬드처럼 반짝거리게 되는 것이다.

상자 밖으로 나와 딱 6개월만 버텨 보라. 그러면 살아남을 뿐만 아니라 훨씬 더 강해질 것이다.

나는 세일즈를 시작했을 때 처음 6개월이 너무 힘들었다. 아시아·태평양 회장이 되었을 때도 6개월은 정말이지 그만두고 싶을 정도로 몸과 마음의 고생이 심했다.

대신, 6개월만 넘기면 속도가 붙는다. 고통을 참으면 에너지가 쌓이고, 그로 인해 가속도가 생기게 되는 것이다. 미국 대학에 입학해서 생전 안 하던 공부를 할 때, 6개월 동안 목숨을 걸었다. 안 믿을지 모르지만 일주일 동안 거의 잠을 자지 않은 적도 있다. 뜻을 알든 모

   너의 꿈을 대한민국에 가두지 마라

르든 교과서를 무조건 외웠다. 그렇게 6개월을 보내고 나니 좀 '해 볼 만하다'는 생각이 들었다. 그 시절의 공부는 또한 내 평생의 밑천이 되었다.

누구에게나 고통은 있다. 거대 기업의 CEO에게도 고통이 있고, 말단 신입 사원에게도 말 못 할 고통이 있다. 고통의 종류가 다를 뿐, 스스로 느끼는 고통의 크기는 다 같다. 세상에 공짜는 정말 없다. 고통 없이 얻어지는 행복도 없다. 다른 사람들은 모두 쉽게 되는 것 같지만 그렇지가 않다. 드러내지 않아 모를 뿐이고, 남의 일이라 무감각할 뿐이다.

상자를 깰 것인가, 상자 속에 움츠러들 것인가? 글로벌 시대에 글로벌 인재로 거듭날 것인가 말 것인가는 본인의 선택이다.

자신이 어떤 식으로 살든, 누구나 자신의 삶에는 의미와 가치를 부여하며 산다. 그것은 자유이고 누구도 뭐라 할 수 없다. 하지만 꿈을 이루고 싶다면, 현실에 안주해서는 안 된다. 독해질 필요가 있다.

한국은 작은 나라다. 아시아에서 한국은 일본만큼 경제력이 강하지도 않고, 중국처럼 인구가 많지도 않다. 이도 저도 아닌 채 사이에 끼어 고생하는 '너트 크래킹(Nut-Cracking)' 신세를 벗어나기 위해서는 국제 사회로 진출하여 능력을 발휘해야 한다. 독불장군이 되어 내부에서만 자급자족하겠다는 생각은 한국을 발전시키지 못할뿐더러 오히려 한국을 위험하게 할 수 있다. 방어적으로 생각하지 말고 좀 더 적극적이고 진취적으로 생각했으면 좋겠다.

한국이 세계무대의 강자로 서는 것이 불가능하다고 생각하는가?

나는 그렇지 않다고 본다. 스포츠만 보더라도 예전에는 소위 '선진국형' 스포츠여서 우리는 잘할 수 없다고 생각한 종목이 있었다. 이제 그 생각이 틀렸다는 것이 증명되었다. 우리 선수들이 세계 대회에 나가 믿을 수 없을 정도의 성적을 거두고 있다.

우리가 잘하지 못한다면 그건 게으르고 노력이 부족하기 때문이다. 태생적인 한계를 운운할 시기는 이미 지나갔다.

당신의 꿈을 대한민국이라는 좁은 틀에 가둬 놓지 말라. 길은 목적지가 있는 자에게만 보이는 법이다. 더 높은 목표, 불가능해 보이는 목표를 세우고 정진하라.

"Break the Box!"

3장

도전, 소통, 원칙

글로벌 인재의

세 가지 성공 원칙

올바른 삶의 기준이 가치 있는 인생을 만든다

나는 듀폰에서 기록을 깨며 전진해 왔다. 다우케미컬과 한화 그룹을 거쳐 1987년, 200년 기업 듀폰에 입사한 이래, 내가 거친 곳은 모두 나에게 새로운 기록을 선사했다. 아시아 인으로는 처음으로 미국 본사의 공장장이 되었고, 사업부 책임자가 되었으며, 아시아 · 태평양 본부 회장이 되었다.

아시아 변방의 후진국에서 평범하게 살기도 어려울 거라는 소리를 듣던 내가 40년 남짓한 세월이 흐른 후 세계적인 기업의 글로벌 리더로서 일하게 됐다. 어떤 기준으로 따져 봐도 이것은 분명 눈부신 변화이다. 거기에는 몇 가지 요인이 복합적으로 작용했던 것 같다.

우선 여러 번의 행운이 따랐다. 박정희 정부가 정책적으로 화학 산업을 육성했던 덕분에 나는 한미 합작 기업에 취직할 수 있었다. 또한 세일즈 비즈니스를 하던 시절에는 갑자기 환율이 떨어져서 한국 제품의 경쟁력이 올라갔고, 아시아 · 태평양 회장으로 취임한 직후에는 외환 위기에 시달리던 아시아의 경제가 급격한 회복세로 돌아섰다.

나는 좋은 사람들을 많이 만나기도 했다. 밀러 공장장이나 홀리데이 회장뿐만 아니라 부모님과 아내도 내가 올바른 길을 가도록 힘껏 도와주었다. 첫 직장이었던 한양화학이나 지금껏 일하고 있는 듀폰에서도 무수히 많은 사람들에게 격려와 질책과 조언을 들었다.

하지만 가장 강력한 요인은 바로 듀폰에 입사한 것이다. 그곳은 나와 '잘 맞는' 곳이었다.

1987년, 나는 한화 그룹을 그만두기로 마음먹었다. 빠르게 승진하고 있었고 나에게 거는 기대도 컸지만 여러 이유로 나는 결심을 바꾸지 않았다. 그 당시 대형 제조업체, 금융업체 등과 잠시 접촉했지만 결국 나의 최종 목적지는 듀폰으로 결정됐다.

내가 듀폰을 염두에 두고 한화를 그만두었던 것은 아니다. 물론 듀폰과 한화의 합작 비즈니스를 추진하는 실무자로서 한참 전부터 그들과 접촉은 하고 있었다. 듀폰 사람들은 나와 생각이 통하는 부분이 많아서 호감이 가긴 했지만, 내가 거기 가서 일하겠다는 생각은 못 했다.

한화를 그만두기로 결심한 뒤, 듀폰이 혼선을 겪지 않도록 내가 업무에서 빠지게 된 사실을 통보했다. 그런데 며칠 뒤에 갑자기 듀폰에서 만나자는 연락이 왔다. 알고 보니, 나와 협상 실무를 담당했던 사람이 오래전부터 내 이야기를 듀폰 경영진에게 해 왔던 것이다. 나는 그저 '생각이 통하는 괜찮은 회사' 정도로 여겼는데, 듀폰에서는 나를 주목해 왔던 것이다.

   ● 너의 꿈을 대한민국에 가두지 마라 ●

행운, 사람, 환경은 누구나 성공에 필요한 요소다. 그리고 그 세 가지를 어떻게 조합하는가 하는 자신의 '선택'이 성공에 결정적인 역할을 한다. 평양 감사도 제 하기 싫으면 그만이라는 속담처럼, 결국 삶이란 자신의 선택을 중심으로 돌아가는 게 아닌가 싶다. 올바른 기준에 따라 선택을 한다면, 사람마다 다소 차이는 있겠지만, 가치 있는 인생을 살 수 있게 된다.

돌이켜 보면 나는 어떤 선택을 해야 할 때마다, 세 가지 기준에 따라 선택을 해 왔던 것 같다.

그 첫 번째는 좀 더 나은 것에 '도전'한다는 것이다.

처음 미국에 발을 디뎠을 때, 허허벌판에 공장을 지으라는 명령을 받았을 때, 엔지니어인 나더러 세일즈 비즈니스를 맡으라고 했을 때, 그리고 듀폰 아시아·태평양 지역 총책임자라는 직책이 주어졌을 때, 나는 막막하고 외로웠지만 그것이 더 나은 방향임을 알기에 도전을 선택했다.

내가 항상 긍정적인 자세로 '되는 방향'을 향해 나아가는 사람임을 알아챈 사람들은 나에게 점점 중요한 일을 맡기고 싶어 했고, 그것이 결국 고속 승진으로 이어졌다.

두 번째로는 혼자서 판단하고 지레짐작하기보다는 '소통'해 보는 쪽을 택한다는 것이다.

깐깐한 일본인들과 거래할 때, 불만을 품은 부하 직원을 대할 때, 내 회사에 불신을 가진 환경 단체와 정부를 설득할 때, 나는 내가 가진 지식으로 일의 성패를 섣불리 판단하기보다 만나서 대화하고 설득했다. 한 번에 안 되면 두 번, 그래도 안 되면 세 번, 네 번, 계속 문을 두드렸다. 이런 식으로 열에 아홉은 내가 원하는 방향으로 일을 매듭지을 수 있었다.

선입견을 갖지 않았기 때문에 그들이 무엇을 원하는지 마음을 열고 들을 수 있었고 내 생각만 고집하지 않고 합일점을 찾을 수 있었던 것 같다. 그것은 소통에서 가장 중요한 열쇠가 아닌가 싶다.

세 번째 기준은 '원칙'을 지킨다는 것이다.

상대에 따라, 또는 상황에 따라 자꾸 원칙을 깨고 타협하면 일시적으로는 효과가 있을지 몰라도 결국은 상대에게 신뢰를 잃거나 '쉬운 사람'으로 보여 이후의 관계에서 주도권을 상실하게 된다. '융통성'이라는 것도 원칙을 지키는 범위에서 발휘해야 할 것이다. 내가 수단과 방법을 가리지 않는 사람, 기준이나 윤리를 흔들며 마구 타협하는 사람이었다면 행운도, 좋은 사람들도, 듀폰이라는 회사도 나를 외면했을 것이다. 또한 오늘 이 자리에 올 수도 없었을 것이다.

나는 이 세 가지 가치 기준이 글로벌 엘리트를 꿈꾸는 오늘의 젊은이들에게도 매우 유용한 지침이 될 것이라고 생각한다. 실제로 내가 사람들을 가르치거나 이끌어야 할 때에도 나는 늘 이 세 가지를 강조한다. 듀폰에 새로 입사하는 사원들을 교육하는 자리에서도 마찬가지인데, 실제로 이 기준들을 지키는 젊은이들이 빠르게 승진하는 것을 보면서 가슴 뿌듯해짐을 느낄 때가 많다.

무수한 한국 출신의 엘리트들이 글로벌 리더로서 성공을 꿈꾸고 있다. 전 세계에서 미국에 가장 많은 학생을 유학 보내는 나라로 꼽

   ● 너의 꿈을 대한민국에 가두지 마라 ●

힐 정도가 되었다. 좋은 일이다. 유학을 가야만 글로벌 엘리트가 되는 것도 아니고 유학을 간다고 꼭 글로벌 엘리트가 되는 것도 아니지만, 그만큼 글로벌 무한 경쟁 시대를 준비하는 사람들이 많다는 뜻이기 때문이다.

이렇듯 글로벌 기회에 대한 노출률로 따지자면 세계 어느 나라에도 뒤지지 않지만 안타깝게도 차세대 글로벌 리더의 후보에서 한국인을 찾아보기란 쉽지 않다. 내가 책임을 맡고 있는 듀폰 아시아 · 태평양만 봐도 한국인 리더의 숫자는 최하위권을 면치 못하는 실정이다. 유대 인에 버금가게 똑똑하다는 평판을 듣고, 게다가 글로벌 인재로 성장하기 위해 아낌없이 투자하는 한국인들의 글로벌 성적은 확실히 부족하다.

나는 그 이유 또한 내가 체득해 온 세 가지 가치를 기준으로 판단할 수 있다고 생각한다. 우리는 혹시 도전 과제 앞에서 주저했던 것은 아닐까? 우리는 혹시 원칙을 무시하며 무분별하게 타협했던 것은 아닐까? 우리는 혹시 낯선 생각과 문화에 마음을 닫고 있었던 것은 아닐까?

도전

Break the Box!

 마침내 모두가 간절히 소망하던 목표를 쟁취하는 사람을 누가 싫어하겠는가? 대부분의 직장 상사들은 패기만만한 신입 사원들을 볼 때마다 자신들의 젊은 시절을 떠올리며 흐뭇하게 미소 짓는다.

세계를 경영하는 주주들이나 기업가들 역시 '일'에 덤벼드는 사람을 보면 마치 매력적인 이성을 만난 것처럼 가슴이 두근거리게 마련이다. 그들도 우리와 똑같은 인간이기 때문이다. 내가 고속 승진을 할 수 있었던 것도 바로 이런 '인간적인' 이유 때문이었다.

듀폰 내에서 나에 대한 평판이 현격히 높아진 것은 뉴존슨빌 공장을 운영하고 난 이후였다. 물론 이산화티타늄 공장 유치 프로젝트를 수행할 때에도 나는 비록 유치에 성공하지는 못했지만 그 과정에서 듀폰 경영진에게 적잖이 강한 인상을 심어 주었다. 그래서 아시아 인으로는 최초로 미국 본사의 공장을 맡는 파격적인 기회를 주었을 것이다. 하지만 만약 내가 그 기회를 확실하게 움켜쥐고 내 것으로 만들지 않았다면 오늘의 위치에 올라설 수 없었을 것이다. 서구인에 대한 콤플렉스를 극복하고 생산성을 대폭 향상시켜 최고의 공장을 만들면서, 나는 '뭘 맡겨도 되는 사람'이라는 평판을 얻게 되었다.

나는 어떤 일에 임하든 완전히 몰입했다. 도전 정신이란 어정쩡한 구경꾼이 되기를 거부하는 것이다. 언제라도 발을 빼고 책임을 회피할 수 있도록 한 발만 담근 채 다른 한 발은 바깥에 둔 어정쩡한 자세로는 도전의 성과를 낼 수 없다.

흔히 "저 사람은 머리는 똑똑한데 실행력이 부족해"라는 평을 듣는 사람이 있다. 나는 그런 사람이 곧 능력 없는 사람이라고 생각한다. 실행력이 부족한 사람이 현실을 제대로 파악하는 경우는 없다! 현장에 뛰어들어 몸으로 부딪쳐 보지 않는다면, 다시 말해 가슴으로 느끼지 않으면 제대로 알 수 있는 것이 아무것도 없다. 세상은 머리 하나로 알아지는 것이 아니며 '머리와 가슴' 둘 다로 알아야 진짜로 아는 것이다.

뒷짐 지고 있다가 잘했느니 못했느니 이러쿵저러쿵하는 사람은 세상에 아무런 도움이 되지 못하는 사람이고 그런 사람은 결코 큰일을 이루지 못한다.

인재를 키우고 가르칠 때에도 나는 그들에게 똑같은 기준을 요구했다. 그렇게 하는 것이 가장 좋고 빠른 길이라는 확고한 믿음이 있었기 때문이다.

뉴존슨빌 공장장 시절, 연수 중이던 타이완 지사의 신입 직원들이 파견 나온 일이 있었다.

나는 그들에게, 옆에서 지켜보지만 말고 실제로 한 부분을 맡아 업무에 참여해 보라는 다소 파격적인 제안을 했다. 그들로서는 좀처럼 얻기 힘든 기회였다. 그러나 그들 중 단 10퍼센트만이 나의 권유에 응했다.

현업에 뛰어든 교육생들은 영어도 능통하지 않았고 경험도 별로 없는 상태에서 노련한 뉴존슨빌 직원들과 똑같은 책임을 수행해야 했다. 문제가 생기지 않을 수 없었다. 미국인 직원들 사이에서는 이런 불평이 터져 나오기도 했다.

"김동수 저 사람이 같은 동양인들 편의만 봐주려다 우리 공장을 말아먹게 생겼다!"

실제로 미숙한 타이완 지사 연수생들 때문에 터진 문제를 수습하느라 공장 전체가 난리법석을 떤 적도 있었다. 하지만 사고를 수습하기 위해 꼭두새벽에도 뛰어와야 할 만큼 고생을 마다하지 않은 10퍼센트의 도전자들은 톡톡히 보상을 받았다. 그들은 미국 직원들도 혀를 내두를 만큼 빠르게 일을 배웠고, 본사에 돌아간 이후에도 가장 빠르게 승진했던 것이다.

어디서 무슨 일을 하건 '내 일의 사장은 나'라는 자세로 임해야 한다. 사람이 가진 것 중 돈을 뺏어 갈 수는 있어도 능력은 뺏어 갈 수 없는 법이다. 늘 주인 된 자세로 일하는 사람은 자연히 능력이 길러지게 마련이고, 그런 사람은 어떤 상황에 처하더라도 빛을 발한다. 세계 어디서나 환영받는다. 결과가 보장된 일은 누구나 할 수 있는 일이고 그런 일에서는 자신의 능력을 업그레이드하거나 남에게 증명할 기회가 없다. 성과에 대한 보상이나 눈앞에 떨어지는 결과만 생각하고 일을 선택한다면 성장과 배움의 기회를 놓치게 되는 것이다. 생각보다 훨씬 많은 사람이 여러분을 주목하고 있다는 것을 알아야 한다. 당장의 성과, 눈앞의 보상만 바라지 말라. 글로벌 코리언, 글로벌 엘리트가 되고 싶다면 시야를 넓혀야 한다.

이제 막 개화하는 글로벌 비즈니스 시대에는 많은 사람이 안전한 피난처를 찾아 도피하는 퇴행적 현상이 만연할 것이다. 세상의 룰이 바뀌고, 갑자기 환경이 변화하면 그런 일은 당연히 벌어질 수밖에 없다. 하지만 새로운 기회를 기다리던 글로벌 인재들의 도전 정신이 결국 세상을 바꿀 것이고 대부분의 사람들은 변화한 룰에 적응하게 될 것이다.

한국 사회 역시 마찬가지일 것이다. IMF 10년이라는 글로벌 게임 전초전을 겪고 난 이후 우리 사회는 심각한 퇴행 현상을 겪었다. 기업과 국가와 사회 곳곳에 글로벌 시대를 위한 인프라가 마련되고 있지만, 그런 인프라를 마련한 사람들조차도 어떻게 그것을 활용해야 할지 몰라 갑갑해하고 있다. 마치 개화기의 조선이 대포나 기관총은 도입했지만 전쟁 교본은 말 타고 활 쏘던 임진왜란 시절의 것을 고집하는 형국인 셈이다.

하지만 나는 믿는다. 분명 남보다 빨리 진흙탕에 뛰어드는 가슴 뭉클한 인재들이 하나 둘 늘어날 것이고 결국 그들이 대한민국을 바꿔

낼 것임을 말이다.

일 앞에서 도망치지 않는 사람이 되었으면 한다. 주인 된 자세로 일하자. 꾸준히 노력해서 자신의 강점을 찾아내자. 그것이 바로 도전 이다.

'진심'을 가지고, '경청'하고, '표현'하라

비즈니스 세계, 특히 글로벌 비즈니스의 세계는 내가 말 안 해도 내 가치를 알아주는 세계가 아니다. 상대의 주장을 분명히 이해하는 것도 중요하지만 자기주장을 분명히 전달하는 능력이 기본으로 요구된다. 한국인들은 자기표현에 약하다. 일본인도 비슷하다.

듀폰의 글로벌 리더들이 모이면 농담 비슷하게 '아시아 태평양 지역은 동쪽으로 갈수록 과묵해진다'고 웃으며 이야기한다. 중국인들만 해도 자기 의견을 많이 밝히고 자신에 대해 어필하는 편인데 한국이나 일본은 '침묵은 금'이라는 수천 년도 더 된 룰을 금과옥조로 실천하고 있다.

인도나 오세아니아 쪽 출신들은 사뭇 다르다. 열을 알면 백을 이야기한다. 너무 적극적이라서 때로는 '빈 수레가 요란하다'는 속담까지 떠올릴 정도다. 하지만 글로벌 비즈니스에서는 이런 성향이 결코 나쁘다고 할 수 없다. 표현을 해야 상대방도 나의 능력, 가치관, 의도

등을 파악하고 상호 작용을 할 수 있다.

우리가 생각하는 '겸손'은 서양 사람들의 입장에서 봤을 때는 큰 미덕이 아니다. 다들 아는 얘기겠지만, 서양 사람들에게 선물할 때, "변변치 않은 선물이지만……", "별것 아니지만……" 하고 말하면 그 사람들은 이상하게 여긴다. '그런 것을 왜 선물하지?' 하고 생각하는 것이다. 마찬가지로 비즈니스 관계에서도 상대방이 무엇에 대해 아느냐고 물었을 때 "제가 아는 것은 없지만……" 하고 겸손하게 말하면 상대는 '아, 잘 모르는구나!' 하고 있는 그대로 받아들인다.

논리적으로, 최대한 자신의 장점과 생각을 알려야 한다. 글이 됐건 말이 됐건 정확하게 표현해야 한다. 그러려면 외국어 공부에 투자를 많이 해야 한다. 우리 국력이 커져서 외국 사람들이 너도나도 우리말을 배우는 상황이 벌어지면야 좋겠지만, 아직은 현실성이 없는 이야기다. 우리는 과거처럼 미국이나 서유럽 선진국의 문화나 역량, 전략을 수용하는 단계를 넘어섰다. 자신의 능력과 성과를 적극적으로 알려서 글로벌 세계 곳곳에 널린 일자리를 잡아야 한다. 글로벌 자본과 기술을 적극적으로 유치하기 위해서도 우리의 특징과 장점을 설득력 있게 논리적으로 어필할 수 있어야 한다.

그런데 한국인은 자기표현만 부족한 게 아니다. 토론을 하고, 경청을 하고, 대립되는 의견을 조율하는 것도 턱없이 부족하다. 특히 나와 다른 생각을 받아들이고 그 가치를 수용하는 문화가 빈약하다. 나에 대한 거부와 '내 의견'에 대한 반대를 잘 구분하지 못한다. 생각이 다른 사람과는 한자리에 있는 것조차 불편해한다.

아랫사람이 윗사람의 말에 반대 의견을 내거나 잘못된 점을 지적하면 '건방진……'이라는 말을 듣기 십상이다. 회의 석상에서도 현장에서 뛰는 부하 직원의 말을 경청하기보다는 상사의 일방적인 지시나 훈계로 끝나 버리는 경우가 많다. 아마도 유교 문화가 우리에게 끼친 여러 가지 영향 중에서 좀 부정적인 부분이 아닐까 싶다. 이것은 민주적인 대화의 원칙이고 뭐고를 따지기 이전에 회사의 발전을 위해서 매우 위험한 문화이다.

서구인들은 남들이 나와 생각이 다른 것을 별로 불편하게 여기지 않는다. 학문이나 비즈니스에서 적대적인 관계라 해도 인간적으로는 매우 친밀한 경우도 많다. '사람'과 그 사람의 '의견'을 구별하기 때문이다. 그래서 격렬한 논쟁을 벌인 후에도 끝나고 나면 서로 포옹하고 웃으며 농담을 주고받고 한다. 가식이 아니다. 그만큼 나와 남의 생각이 다른 것을 당연하게 여긴다.

기업 경쟁력, 더 정확히는 창조 경쟁력을 좌우하는 것이 바로 소통이라는 가치이다.

요즘 글로벌 기업들은 의도적으로 서로 다른 생각을 가진 사람들을 뽑기도 한다. 인도나 중국을 넘어, 중앙아시아나 동유럽까지 찾아가서 인재를 구하는 이유가 무엇이겠는가? 가치관이 다르고, 문화적 배경이 다르고, 언어가 다르고, 식성이 다르기 때문이다. 바로 그 '다른' 것이 필요한 것이다. 남다르고 차별화된 가치를 내놓으라고 요구하는 시장의 흐름에 목숨 걸고 따라가려면 인재 채용도 이렇게 갈 수밖에 없다.

유별난 것, 다른 것을 찾다 보니 금융 회사에서 물리학자를 찾고, CEO들은 인문학과 예술을 공부한다. 시대가 이렇다면 우리도 다른 생각, 다른 의견을 경청하고 진지하게 따져 보는 분위기를 만들어야 할 터이다. 아니, 그 이전에 '내 잣대에 맞지 않으면 불편해하는' 감성 자체를 버려야 하겠다.

조금 민감한 지적일 수도 있지만, 한국보다 소득 수준이 낮은 나라의 인재들에 대한 잘못된 우월 의식도 글로벌 인재로서의 소통을 가로막는 위험 요소가 될 수 있다. 글로벌 시대는 결코 미국이나 유럽의 가치관만 대접받는 시대가 아니다. 조지 W. 부시 대통령이 비난을 받고 클린턴 전 대통령이 아직도 칭송을 받는 이유가 다른 게 아니다.

클린턴 전 대통령은 상대가 누구이건 진심으로 귀를 열고 그의 이야기를 들어 주었다. 부시 대통령은 자기 얘기만 한다는 평을 듣는다. 미국만이 정의라고 외치니 오히려 바른 소리를 해도 세계인들이 마음을 닫아 버린다.

글로벌 인재를 꿈꾸는 사람이라면 상대가 누구이건 그가 태어나고 자란 전통과 문화에 존경심을 표해야 한다. 당장 우리 안의 소통부터 달라져야 한다. 다른 생각, 틀린 생각도 끝까지 듣고 논리적으로 반박하고 평가할 수 있는 자세가 필요하다.

옛 황희 정승의 일화처럼 이도 저도 다 옳다고 허허 웃으며 살라는 얘기가 아니다. 앞서 얘기했듯이 자기 생각은 분명하게 밝혀야 한다. 상대방의 의견을 수용할 수 없다면, '이해하고 존중은 하되 받아들일 수는 없다'고 말하는 것을 두려워하지 말아야 한다. 그것이 바로

   너의 꿈을 대한민국에 가두지 마라

당당한 글로벌 인재의 소통 방식이다.

한국인이라면 이런 '단호함'을 드러내기가 왠지 주저될 것이다. 과연 그렇게 해도 괜찮을까? 기분 나빠 하지 않을까?

하지만 내가 상대방을 진심으로 존중한다면, 조금도 걱정할 이유가 없다. 공연히 어정쩡하게 마음에도 없는 타협을 하려니 문제가 생기는 것이다. 오히려 처음부터 의사를 분명하게 밝히지 않고 얼버무리다가 일이 커진 다음에 태도를 바꾸는 것이 상대에게 큰 피해를 입히고 마음에 상처를 남기는 일이다.

세상 어디를 가도 말이 통하는 1차 조건은 '진심'이다.

앞에서 한 번 언급한 바 있지만, 내가 일본 클라이언트를 상대로 세일즈할 때도 그러했다. 신제품을 개발해서 납품 단가를 올리려 할 때, 일본 측의 반발은 상상 이상이었다. 그들은 신뢰를 목숨보다 소중히 여기는 만큼, 작은 변화 하나에도 매우 민감하게 반응한다. 어떤 문화권의 기업이든(이익이 지고지선의 가치인 기업의 속성상!) 손익에 민감할 수밖에 없지만, 일본 기업은 신제품 단가 인상을 단순한 돈의 문제가 아닌 신뢰의 문제로 보았다. 한마디로 믿을 수 없으며 매우 불쾌하다는 반응이었다.

나로서는 많은 비용과 노력을 투입하여 개발한 혁신적인 제품이기에 그만큼 높은 시장 가치를 누리는 것이 당연하다는 입장이었고, 그것을 믿지 못하겠다는 일본 클라이언트의 반응은 일견 불쾌하기도 했다. 하지만 그런 불쾌감은 반대로 일본 측에서 보면 자신들을 전혀 존중하고 배려하지 않는다는 신호로 비칠 수 있기에 그것을 드러낼 수 없었다. 또한 듀폰의 노력에 대한 정보가 없는 일본 측으로서는 꺼림칙한 것도 당연지사였다.

결국 그 문제를 단순하게 해결할 수밖에 없었다. 듀폰이 제품 개발에 기울인 노력을 성심성의껏 솔직하게 알려 주는 것. 당시 내가 비록 세일즈라는 낯선 업무에 투입되긴 했지만, 엔지니어이자 개발자로 오래도록 일했던 경험을 충분히 활용하기로 마음먹었다. 즉 나는 듀폰 개발진의 노고를 손바닥 보듯 꿰고 있었고 제품의 특성에 대해 누구보다 많이 알고 있었던 것이다. 내가 일하던 시절을 회고하듯 하나하나 소상하게 설명해 주었다. 개발 과정에 대해, 그리고 한층 진보된 제품이 시장과 완제품 공정에서 가져올 변화에 대해.

그러나 이런 지식보다 더 주효했던 것은 바로 '진심'이었다. 나는 듀폰을 믿었고 개발진을 신뢰했으며, 일본 클라이언트 역시 믿고 존중했다. 양쪽에 대한 최대한의 선의와 이해가 있었기에 가격 인상은 마침내 관철될 수 있었던 것이다. 물론 이런 작은 성공은 이산화티타늄 공장 유치 과정에서 충분한 단련을 거쳤기에 가능했던 것이었다. 나는 화학공학을 공부한 사람이고 실제로 이산화티타늄을 만들어 본 사람이기 때문에 그 안전성에 대해서 잘 알고 있었고, 화학 기업인 듀폰에 대해서도 내가 몸담은 회사라서가 아니라 이 회사가 어떤 가치관을 가졌고 어떤 원칙에 의해 움직이는 회사인지 알았기 때문에 절대적으로 믿었던 것이다. 하지만 이제 갓 태동한 한국의 환경 단체 관계자들로서는 나와 우리 회사에 대해, 그리고 이산화티타늄이라는 화학 물질에 대해 신뢰할 만한 근거가 없었을 것이다. 나는 3년에 걸친 지루하고 답답한 설득 끝에, 세상에는 다른 생각과 가치관을 가진 사람들이 공존하며, 성공하기 위해서는 그들과 '소통'해야 한다는 것을 절절히 깨달았다.

한국인들은 흔히 글로벌 소통 하면 영어부터 떠올린다. 영어는 수단이지 목표가 아니다. 즉, 영어를 '한다'는 사실이 중요한 것이 아니라 '어떻게' 하느냐가 문제인 것이다. 글로벌 세계에서 '통하는' 사람이 되기 위해서는 먼저 우리들끼리의 커뮤니케이션 문화부터 달라져야 한다. 진심을 털어놓을 수 있어야 하고, 생각의 차이를 인정할 수 있어야 한다.

글로벌 비즈니스에 참여하는 사람들은 서로를 잘 모르는 낯선 사람들이다. 같은 나라 사람들끼리도 상대방의 사고방식을 이해하기 힘들고 오해가 많은데, 하물며 낯선 나라에서 온 사람들끼리야 서로 얼마나 경계심이 일고 소통하기가 힘들겠는가. 하지만 상대방에게 마음을 열고 상대의 말에 귀 기울이며, 내 진심을 충분히 논리적으로 표현할 수 있다면 그 어느 나라 사람, 그 어느 비즈니스 무대에서도 통하는 사람이 될 수 있을 것이다.

원칙

'All or Nothing'

원칙 애기를 꺼내면 "왜 그렇게 융통성 없이 답답하냐"고 애기하는 사람들이 있다. "원칙은 깨기 위해서 있는 거다"라는 말들도 종종 한다. 하지만 내가 보기에 선진국과 후진국, 잘되는 기업과 그렇지 않은 기업을 가르는 중요한 기준 가운데 하나가 바로 이 '원칙'이 얼마나 잘 지켜지는가 하는 것이다. 세계적인 기업들은 아무리 회사에 큰 이익을 안겨 줄 만한 일이라도 원칙에 어긋나면 포기하는 경우가 많다. 바로 그 원칙이 오늘날의 그들을 있게 해 준 힘의 원천이기 때문이다. 원칙의 중요성은 보통 때는 잘 드러나지 않으므로 무시당하기 십상이지만, 문제를 한번 겪고 나면 잊는 것도 쉽지 않다.

듀폰 역시 원칙 문제에 매우 단호하다. 한국인들이 상상하기 힘들 정도로 까다로운 데다 세세한 것까지 회사 규정으로 정해져 있으며, 이것을 적용하는 데도 CEO에서 말단 직원까지 예외가 없다. 누구나 반드시 지켜야만 하며, 어겼을 경우에는 가차없이 징계가 주어진다.

그 누구라도 원칙에서 예외가 없다는 것까지 '원칙'으로 정해져 있고 그 원칙을 일컫는 이름도 있다. 이른바 'Zero Tolerance Principle'이라는 것이다. 우리말로 하면 '예외를 두지 않는 원칙'이라고나 할까. 나도 관리자로서 규정을 위반한 직원을 여러 명 해고했다. 사소하다면 사소하다고 할 수 있는 일들이었다.

어느 타이완 지사 직원의 경우도 그랬다.

듀폰 공장은 법으로 정해진 온수 배출 규정을 벗어났을 경우 가동을 중지하고 그 사실을 상부에 보고하도록 되어 있다. 당시 그 직원은 배출 온수의 온도가 규정보다 몇 도 높게 30분간 흘러 나간 것을 알았지만 규정을 어기고 보고하지 않았다. 온도가 별로 높지 않았고 지속된 시간도 길지 않아 별 영향이 없을 것으로 생각하고 넘긴 것이다. 물론 거기에는 공장이 가동을 멈출 경우 엄청난 손실이 발생한다는 커다란 이유가 있었다.

그러나 결국 회사가 이 사실을 알게 되었고, 나는 그 직원의 선의를 충분히 알고도 남았지만 그를 해고할 수밖에 없었다.

사실상 한 개인이 선의로 시작한 행동이 큰 화를 부르는 경우도 많다.

베어링 은행의 파산을 불렀던 닉 리슨의 경우를 보자. 역사가 233년이나 되는 이 영국 은행은 고작 스물여덟 살밖에 안 된 싱가포르 지점 선물·옵션 딜러의 계좌 편법 운영 때문에 파산했다. 닉 리슨은 신규 트레이더들의 실수로 인한 손실액을 일시적으로 감추는 한편 고수익을 올려 자신은 물론 회사에 큰돈을 안겨 주려는 생각에 이런 일을 벌였다. 그 결과가 얼마나 처참했는가? 경영진의 무지와 관리 소홀, 리스크 관리에 대한 개념 부족 등 다양한 원인이 지적되었지만 그 핵심은 닉 리슨 자신과 회사 측의 원칙에 대한 불감증이다. 베어링 본사는 닉 리슨의 업무 능력을 과신하여 보고 체계도 제대로 갖추지 않았는가 하면, 싱가포르 지점의 편법 운영을 알고서도 여러 이유로 이를 눈감았다. 또한 내부 감사에서 문제가 일부 드러나자 직위 해제를 권고했지만, 닉 리슨 본인과 상관의 동의에도 감사 부서의 사후 관리 소홀로 이행되지 않았다.

비록 나쁜 의도 없이 시작한 일이지만 원칙을 어긴 당사자와 그것을 눈감은 회사 측의 관리 소홀이 만나 그 같은 끔찍한 결과를 낳은 것이다.

미국 역사상 최대의 파산 사건인 엔론 스캔들의 경우도, 창업 15년 만에 포춘 500대 기업 중 7위를 차지할 정도로 각광받던 엔론 사가 '분식 회계'라는 탈법적인 방법으로 영업 이익을 부풀렸다가 이 사실이 드러남으로써 파산했다. 이 사건 역시 경영진의 모럴 해저드(도덕적 해이)와, 거액을 받고 이를 눈감아 준 회계 법인의 원칙 무시가 불러일으킨 것이다. 만약 엔론의 경영진이 눈앞의 이익에 연연하지 않고 미래를 내다보면서 원칙대로 회사를 운영했다면 이와 같이 불행한 사태는 일어나지 않았을 것이다. 이 사건으로 인해 미국 자본주의의 도덕성이 훼손되었다는 이야기를 들을 정도로 엔론 스캔들은 사회적, 경제적으로 큰 파장을 불러일으켰다.

글로벌 비즈니스의 세계는 거대한 금융 도미노로 연결되어 있다. 디지털 혁명으로 정보의 흐름이 빨라졌기 때문에 문제가 확산되는

 ● 너의 꿈을 대한민국에 가두지 마라 ●

속도 역시 매우 빨라졌다. 원칙에 어긋난 행위로 문제가 생길 경우, 자신도 예측하지 못한 수준으로 '증폭'되고 만다. 그야말로 중국 베이징에 있는 나비 한 마리의 날갯짓이 얼마 후면 미국 뉴욕에서 폭풍을 일으킬 수 있는 것이다. 한국의 IMF 사태도 정책 당국자들의 무사 안일과 기강 해이 때문에 '증폭'된 것이다. OECD에 가입한 글로벌 무역 국가의 관료로서 당연히 알고 실천해야 할 원칙을 그저 하나의 이론으로만 알고 있었기 때문이다.

원칙을 준수하는 것은 'All or Nothing'의 문제이다. 완벽하게 지키지 못하는 것은 전혀 지키지 않는 것이나 다름없다는 얘기다. 둑에 난 조그마한 구멍 하나가 결국에는 제방을 무너뜨리듯, 피치 못해서 또는 이 정도쯤이야 하는 마음으로 어기기 시작하면 나중에는 걷잡을 수 없는 지경에 이르게 된다. 베어링 은행이나 엔론의 경우도 처음에는 '이번 한 번만', 또는 '이 정도야 남들이 모르겠지' 하는 마음으로 시작했다가 엄청난 일이 벌어진 것이다.

듀폰의 창업자인 E. I. 듀폰은 원칙을 위해 손해를 감내하는 대표적인 경영자였다. 그는 화약 공장을 세우면서 그 안에다가 자신과 가족이 살 집을 지었다. 안전이 최우선 원칙이라는 것을 행동으로 보여 주기 위해서였다.

당시에는 숙련공들이 힘을 북돋운다는 이유로 근무 시간 중에 술을 마시는 것이 관행처럼 되어 있었다. 이것은 일종의 화약고나 다름없는 듀폰 공장에서도 예외가 아니어서 이 문제로 고심하던 E. I.

듀폰은 교육을 통해 근무 시간 중에는 술을 마시지 못하도록 계도하
였다.

그러나 1818년 3월 19일, 결국 숙련공 하나가 낮술을 먹고 작업
하다가 폭발 사고를 일으켰다. 이 사고로 인해 무려 40명이 죽었을
뿐 아니라 E. I. 듀폰의 갓난아기와 부인까지 부상을 입었다.

창업자 듀폰은 어떻게 했을까? 그는 사고에도 아랑곳없이 집을 다
시 수리해서 그 자리에 그대로 살았다. 대신 숙련도는 떨어질지언정
일에 대한 생각이 바로 박힌 사람들을 고용하여 그들을 철저히 교육
하고 엄한 규율을 적용했다. 한편으로 사망한 근로자의 가족들을 위
한 연금 제도를 만듦으로써 지역 사회에 대한 투철한 책임감도 보여
주었다. 그 결과 강 건너에, 언덕 너머 옆 마을에 떨어져서 살던 마을
사람들이 듀폰 공장 옆에서 집을 짓고 살기 시작했고, 그렇게 듀폰에
서 일하기 시작한 직원들은 대를 이어 듀폰의 공장에서 일을 하며 남
다른 충성심을 보여 주었다.

원칙이 갖는 힘이란 바로 이런 것이다.

당장은 좀 손해를 보는 것 같지만, 그래서 자꾸 원칙을 어기고 싶
은 유혹을 받지만, 시간이 흐르면 내가 지켜 나간 원칙들이 하나하나
차곡차곡 쌓여 나를 지탱해 주는 큰 힘이 된다. 그것은 개인에게나,
기업에나, 국가에나 다 마찬가지다.

 ● 너의 꿈을 대한민국에 가두지 마라 ●

4장

글로벌 리더의 조건

한국은 과연 글로벌 경쟁에서 살아남을 수 있을까

글로벌 비즈니스 세계에서 일하다 보면 각 나라에서 온 인재들의 장단점이 뚜렷이 대비되는 상황을 많이 보게 된다. 나는 되도록 편견을 갖지 않으려 하지만, 제 나라나 민족 속에서는 쉽사리 드러나지 않던 각 문화의 독특한 성정도 글로벌 비즈니스 판에서는 주머니 속의 송곳처럼 도드라진다.

인도에서 온 인재들은 참 논리적이다. 일본에서 온 인재들은 참 원칙적이다. 영미권 인재들은 자기 확신이 강하다. 그렇다면 한국인은 어떨까? 팔은 안으로 굽는 법이니, 나 말고 외국계 비즈니스 리더들의 평을 종합해 보면 한마디로 이렇다.

"Aggressive!"

쉽게 길들여지지 않는 사람들, 일단 일을 벌이면 끝을 보는 사람들, 무섭게 추진하는 사람들, 꾹 눌러 놓은 용수철마냥 언제든 확 튀어 보이고 말겠다며 에너지를 안으로 응축해 놓은 사람들이라는 얘기다. 내가 느끼기에도 이 말은 정말 우리 한국 사람들의 특징을 잘 잡아낸 단어이지 싶다. 나쁘지 않은 평가이다.

하지만 문제는, 오늘날 글로벌 비즈니스에서 이런 특성만으로는 성공할 수 없다는 것이다. 특히 글로벌 리더에게 기대되는 자질은 이 것을 훨씬 넘어서는 것이다.

그래서인지 다국적 기업의 리더 중 한국인을 찾아보기가 어렵다. 내가 책임을 맡고 있는 듀폰 아시아·태평양만 보아도 이런 현상은 확실히 드러난다. 영미권이나 일본, 중국에 비해 한국 출신 리더의 숫자가 절대적으로(!) 부족하다.

그 이유가 과연 무엇일까?

한마디로 말해, 우리의 기업 문화가 아직 과거의 영향에서 벗어나지 못했기 때문이다. 특히 인재 육성 부문은 산업화 시대의 영향이 아직도 강하다. 기술이나 기업 규모는 쉽게 변할지 몰라도 사람을 지배하는 문화는 쉽게 변화하지 않는다.

산업화 시대에는 돌파형 인재가 핵심 모델이었다. 고 정주영 회장이나 고 이병철 회장으로 대표되는 그들은 놀라운 도전 정신으로 대한민국의 기초를 세워 놓았다. 목표가 주어지면 '하면 된다!'는 정신에 따라 무조건 돌진했다. 그래서 외국인들이 불가사의하게 느낄 정도로 엄청난 과제들을 척척 해냈다.

하지만 거기에는 어두운 그림자도 있었다. 소통과 원칙이 상대적으로 '푸대접'을 받았던 것이다. 산업화 세대인 돌파형 인재들은 이른바 '까라면 깐다', '안 되면 되게 하라'는 문화 속에서 성장해 왔다.

   너의 꿈을 대한민국에 가두지 마라

군인처럼 명령이 떨어지면 무조건 복종해야 하고, 윤리나 규정을 살짝 무시해도 결과만 좋으면 크게 문제가 안 되는 그런 시절이었다.

산업화 시대의 최고위 리더는 정부였다. 그럴 수밖에 없었던 것이, 세계 시장에 나아가 경쟁을 하기엔 개별 기업들이 너무 미약했기 때문이다. 그래서 1960~1970년대의 고도 성장기에는 정부가 관치 금융으로 투자 위험을 조절하고 기업을 적극적으로 선별·감시했다.

심지어 기업의 고위직은 군인 출신들이 낙하산을 타고 내려와 차지하는 게 당연하게 받아들여질 정도였다. 내가 처음으로 근무했던 한양화학 역시 마찬가지였다. 이사나 부사장 등의 자리를 그 기업과는 아무런 인연이 없던 군 장성 출신들이 차지하고 있었다. 그런 모습을 보며 나는 '부장' 정도로 승진만 해도 대단한 것이라고 생각한 적이 있었다.

기업으로서는 정부의 말을 안 들으려야 안 들을 수 없었다. 세무조사라는 무소불위의 무기에 한번 잘못 걸렸다가는 살아남을 기업이 별로 없었다. 주요 산업에 대한 인허가도 국가와 공무원의 몫이었다. 게다가 정부의 능력도 제법 괜찮았다. 경제기획원으로 대표되는 엘리트 공무원들은 차관과 기업 투자를 고용과 부가 가치 증대의 파급 효과가 높은 중화학 공업 쪽으로 유도했다. 일개 기업 단위에서는 상상하기 힘든 '능력'과 '효율성'을 발휘한 것이 정부의 '리더십'이었던 것이다.

정부와 기업의 관계만 그런 게 아니었다. 내가 몸담았던 한화 그룹만 봐도 알 수 있듯이, 기업 총수 1인의 '고독한' 리더십은 산업화 세대에게는 당연한 것으로 받아들여졌다. 내가 근무했던 한화 그룹 경영관리실의 경우 이 부서의 결정 하나에 따라 사업 단위의 운영과 운명이 좌지우지되었다. 그리고 그룹 경영관리실을 꽉 틀어쥔 것은 그룹 회장이었다.

그런 시절이었으니 리더 한 사람의 운명이 나라와 조직의 운명을 좌우할 수밖에 없었다. 박정희 한 사람이 비운의 총탄으로 스러지자 나라가 망할 것 같은 위기의식이 번지기까지 했다.

이런 분위기 속에서 성장한 사람들이 오늘날 한국 기업의 리더들이다. 그들이 산업화 시대의 리더십에서 완전히 벗어나지 못한 것은 어찌 보면 당연한 일인지도 모른다. 그런데 그들에게 주어진 과제는 글로벌 시대의 인재를 길러 내는 일이다. 이 지점에서 고민이 생기지 않을 수 없다.

글로벌 리더의 조건은 과연 무엇일까?

나는 도전, 소통, 원칙이라는 글로벌 가치 기준이 글로벌 리더의 조건을 설명하는 데도 여전히 유효하다고 생각한다. 그리고 이러한 가치 기준을 바탕으로 글로벌 리더가 되기 위한 몇 가지 행동 지침을 제시해 볼까 한다.

부하의 시간을 존중하라

글로벌 경쟁력을 가진 리더는 절대 스스로 나서서 일하지 않는다. 뒷짐 지고 있는다는 뜻이 아니라 부하들이 열과 성을 다해, 스스로 신명이 나서 일을 하도록 멍석을 깔아 주는 것이 리더의 역할이라는 얘기다. 그러자면 제일 중요한 것이 부하를 존중해 주는 것이다. 섬기는 리더가 되어야 한다.

'섬기는 리더' 하면 대체로 칭찬해 주고, 격려해 주고, 경청해 주는 것을 떠올릴 것이다. 어떤 회사에서는 부하의 발을 씻겨 주고 포용하는 행사를 벌이기도 한다. 좋은 모습이다. 하지만 일터에서 가장 필요한 것은 따로 있지 않나 싶다.

바로 부하의 시간을 존중해 주는 일이다.

한국의 리더들은 일하는 부하 직원을 갑자기 불러들여 이런저런 지시를 하는 경우가 많다. 때로는 깊이 생각하지 않고 즉흥적으로 일을 시키기도 한다. 한번 해 보고 안 되면 말겠다는 식이다. 리더의 갑작스러운 현장 방문으로 작업이 중단되는 일도 자주 보인다. 리더의 입장에서 보면 사소한 것 같지만, 일의 흐름을 방해하고 직원들의 시간을 낭비하게 만들며 스트레스를 쌓이게 하는 일이다.

더 큰 문제는 이로 인한 직원들의 시간 낭비와 스트레스가 개인의 차원에서 끝나지 않는다는 것이다. 유기적으로 연결된 조직의 업무 사슬이 중간에 끊기면서 조직 전체의 타임 스케줄이 흔들리고 업무 효율이 떨어진다.

일에는 정해진 데드라인이 있기 때문에 잃어버린 시간을 보충하기 위해 야근이라는 추가적인 시간이 투입될 수밖에 없다. 피로가 누적된다. 이 피로로 가장 심하게 타격을 받는 것은 쌩쌩 돌아가야 할 지식 근로자의 머리다. 마치 안개가 낀 것처럼 아침 출근길이 힘들다면 가장 생산적이어야 할 오전 시간이 허공으로 사라진다.

이런 식으로 시간을 휘둘리다 보면 부하 직원들은 일에 대한 책임감이 없어지고 수동적으로 일하게 되며 일에서 의미를 못 찾게 된다. 이것은 결국 회사 전체에 큰 손실로 연결된다.

내가 아시아 태평양 지역 곳곳을 방문하는 스케줄을 거의 6개월 전에 잡아 놓는 이유도 바로 '조직의 효율'을 위해서이다. 더 정확히는, 일하는 인재들을 방해하고 싶지 않아서이다. 예를 들어 6월에 베트남을 방문할 일이 있다면, 대개는 그 전해 12월에 이미 결정하여 통보한다. 물론 급한 일이 생기면 예정에 없는 방문을 할 경우도 있기는 하다. 그러나 가능하면 미리 계획을 세워 현지 사람들의 업무 리듬을 깨뜨리지 않으려고 애쓴다. 방문할 때도 공항에 마중 나오는 사람은 없다. 그냥 차 한 대 내보내면 그걸로 끝이다. 높은 사람이 방문한다고 난리법석을 떠는 일은 없다.

한국의 리더들은 조직의 시간을 자기 마음대로 처분할 수 있는 '개인 자산'으로 여기는 경향이 있다. 이는 리더가 앞장서서 조직을 이끌고 전적으로 좌지우지하던 산업화 시대의 잘못된 유산이다.

창조적 과업을 수행하는 인재들은 자신의 시간을 자율적으로, 자신의 의지에 따라 처분할 수 있어야 한다. 리더는 그것을 절대적으로 보장해 줘야 한다. 그러지 않으면 일할 맛을 느끼기가 힘들다. 피터 드러커가 '시간은 지식 근로자의 유일무이한 희소 자원'이라고 말한 이유가 바로 거기에 있다.

부하 직원이 시간을 자유롭게 처분할 수 있도록 허용하면 조직의 위계가 흐트러지고 업무 효율이 낮아질 것이라고 불안해하는 관리자들이 많다. 당연한 걱정이다. 그렇기 때문에 철저한 업무 계획과 성과 측정이 필요한 것이다. 전체적인 업무 스케줄을 계획성 있게, 조직적이고도 치밀하게 운영하여 부하 직원들이 일의 흐름을 예측하고 시간 낭비를 하지 않도록 해야 한다. 또한 직원 개개인에 대한 업무 성과 측정을 정확히 해서 일을 얼마나 '오래' 했는가가 아니라 얼마나 '잘' 했는가를 기준으로 평가할 수 있도록 해야 한다. 이것이 바로 리더의 일이다. 이렇게 하자면 리더 자신이 준비를 많이 해야 하고, 일의 시작부터 마무리까지 모든 것을 꿰뚫고 있어야 한다.

회의 시간 역시 리더가 조직의 시간을 자신의 '사유 재산'으로 잘못 생각해서 낭비되는 경우가 많다. '회의가 회의적'이라는 근로자들

의 농담이 괜한 말만은 아니다. 회의는 기업의 조직과 시스템이 굴러
가기 위한 중요한 '모멘텀'이다. 준비 없는 회의, 목표 없는 회의는
기업을 서서히 병들게 한다. 리더 자신부터 무엇에 대해 어떻게 회의
를 할 것인지 철저히 준비해야 한다. 얻고자 하는 것이 무엇인지, 즉
부하 직원들의 의견을 청취하려는 것인지 아니면 부하 직원들을 설
득하려는 것인지, 정보를 전달하려는 것인지를 분명히 해야 한다. 어
떤 방식으로 할 것인지, 필요한 자료는 무엇인지, 준비하고 준비시켜
야 한다. 한 시간의 잔소리보다 한 줄의 정확한 근거 자료 제시가 큰
설득력을 발휘한다. 리더가 이렇게 철저히 준비하면 부하 직원들도
긴장하고 공부하지 않을 수 없다.

직원들의 시간은 결국 회사의 자산이다. 회사의 자산을 비효율적
으로 운영하고 낭비하는 리더라면 글로벌 시대에는 맞지 않는 사람
이다.

부하의 의견을 존중하라

기원전 218년에 일어난 2차 포에니 전쟁에서, 카르타고의 명장 한니발은 눈 덮인 알프스를 넘는 등 뛰어난 용병술과 전략으로 로마군과의 전투를 여러 차례 승리로 이끌었으나, 결국은 로마군에게 패하고 만다.

그렇게 된 이유는 본국 카르타고의 지원 없이 악전고투하던 그가 로마 연합의 뛰어난 결속력과 조직력을 이겨 낼 수 없었기 때문이었다.

이 세상은 마치 소수의 천재가 전체를 좌지우지하는 것같이 보이지만, 비즈니스 세계에서는 아무리 뛰어난 천재라도 자신을 받쳐 주는 조직이 없으면 그 능력과 뜻을 펼칠 수 없다.

경쟁 구도가 단순하고 그 범위나 속도가 지금보다 좁고 낮았던 과거에는 뛰어난 개인이 조직력을 이길 확률이 비교적 높았다. 하지만 날이 갈수록 커지고 복잡해지는 글로벌 경쟁 사회에서 그럴 확률은 빠르게 낮아지고 있다.

글로벌 경쟁 시대에는 뛰어난 조직이 최고의 무형 자산 가운데 하나다. 그렇다면 뛰어난 조직이란 어떤 조직일까? 무수히 다양한 조건을 들 수 있지만, 그 기본 중의 기본은 조직 내의 의사소통이 원활한 조직이다.

그렇다면 의사소통이 잘되는 뛰어난 조직을 어떻게 만들 수 있을까? 아주 효과적인 방법이 하나 있다. 바로 부하 직원의 의견을 경청하고 존중하는 것이다.

경청이란 말 그대로 귀를 기울여 상대의 말을 잘 듣는 것이다. 다른 나라보다 특히 한국의 리더들은 이 경청에 더 신경을 써야 한다.

앞서 얘기했듯이 우리 한국의 조직 문화에서는 '소통'이 부족했다. 리더의 말이 일방적으로 아랫사람들에게 전달되는 것이 우리의 대화 패턴이었던 것이다. 소수의 리더가 명령을 내리면 아래에서는 '무조건' 그것을 집행하는 것이 과거의 업무 방식이었다. 그때는 그게 필요했다. 일사불란하게 움직여야 시간을 단축하고 빨리 성과를 낼 수 있었다. 리더는 소수의 조직을 직접 진두지휘하며 현장을 누볐다. 그가 가는 곳에서 바로 결정이 내려지고 조직은 그의 말대로 움직였다.

우리 한국과 한국 기업의 경쟁력은 그렇게 해서 높아졌다. 세계 최대의 조선업, 최강의 반도체, 그리고 전자 산업과 자동차 산업도 그렇게 성장했다. 지도자의 한 마디 한 마디를 지상 과제로 불철주야 달리고 또 달렸다. 리더들 또한 산업화의 그런 경험 속에서 성공을 거두었고, 일의 스타일과 철학을 만들어 왔다.

이제 세상은 넓고 복잡해졌다. 우리 기업도 성장했다. 이렇게 세상은, 조직은 커지는데 여전히 위에서 일방적으로 명령하고 유능한 인재들이 그에 따라 움직인다면 효율성은 떨어질 수밖에 없다. 게다가 과거의 리더들은 자신의 경험과 지위를 통해 얻은 지식과 정보를 독점하고 그 힘(?)을 배경으로 조직을 리드했다. 그러나 오늘날의 세상에서 지식과 정보는 만인의 공유물이고, 어떤 면에서는 젊은 사람들이 지식과 정보에 훨씬 앞서 있다고도 할 수 있다. 이런 상황에서 부하 직원의 의견을 듣지 않고 리더의 역할을 잘한다는 것은 거의 불가능하다고 할 수 있다.

물론, 늘 하던 방법을 바꾸자니 불안하고 부작용도 생길 것이다. 몇십 년 동안 현장에서 직접 체험하고 실천하고 검증까지 해 본 방법을 바꾼다는 게 말처럼 쉬운 게 아니다. 나도 충분히 이해할 수 있다. 기강이 해이해지고 조직의 규율과 통일성이 떨어지게 되는 것은 아닐까? 너나없이 한마디씩 하다가 정작 필요한 실천과 경쟁력 키우기에는 소홀한 조직이 되는 것은 아닐까? 리더의 권위가 땅에 떨어지는 것은 아닐까?

모든 변화가 그렇듯, 의사소통 과정을 바꾸는 것은 두렵고 힘든 일이다. 하지만 한번 시스템을 바꿔 안정시키면 이것이 얼마나 효율적이고 리더 자신에게도 도움이 되는 일인가를 알게 될 것이다.

참신한 인재들을 수많이 뽑아 놓고 그들의 머리를 사장시킬 까닭이 어디 있는가. 창조적인 아이디어를 내놓는 것은 리더가 할 일이 아니다. 젊은 인재들의 반짝거리는 두뇌를 한껏 이용(?)하라. 현장의 소리를 마음껏 청취하라. 관리자인 리더가 할 일은 자신의 노련한

경험과 지식을 바탕으로 그것을 판단하고 결론에 이르게 만드는 것
이다!

아랫사람들의 목소리가 들리지 않는 조직은 죽은 조직이다. 상사
의 의견에 반대할 수 없는 조직은 안으로 곪아 가는 조직이다.

글로벌 리더는 소통의 장을 펼쳐 놓고 거기서 각 개인이 가진 능력
과 특성을 최대한 끌어내어 함께 성장할 수 있도록 하는 사람이다.

리더에는 세 종류가 있다. 부하보다 부지런한 리더, 부하보다 일을 잘하는 리더, 부하보다 현명한 리더.

리더가 부하보다 지나치게 부지런하면 크게 좋을 것이 없다. 일은 부하들이 해야 좋은 것이다. 너무 앞질러 가기보다는 '내가 저 사람을 위해서 열심히 일하고 싶다'는 마음을 불러일으키는 리더가 좋은 리더다.

비슷한 맥락에서 부하보다 일을 잘하는 리더가 결코 좋은 리더는 아니다. 물론 '솔선수범'이라는 말이 있지만, 이것은 하는 일마다 리더가 나서서 이리 뛰고 저리 뛰고 하라는 뜻이 아니다. 사실 부하들보다 일을 더 잘하기도 힘들다. 체력적으로나 감각으로나 현장 일에는 젊은 직원이 더 낫다. 정보나 순발력 면에서도 실무자를 따라갈 수 없다. 다 차치하고라도 부하 직원들을 밀어내고 직접 팔 걷어붙이고 나서는 리더는 조직에 보탬이 안 된다. 총 잘 쏘고 비행기 잘 몬다고 훌륭한 장군이라고 칭송하는 걸 본 적이 있는가? 리더에게 기대하는 것은 전략이다. 전략을 우러나오게 만드는 비전이다. 비전을 뿜어내는 철학이다. 그래서 리더는 공부를 많이 해야 한다.

조직에 제일 보탬이 되는 리더는 공부를 깊게 해서 '현명한' 리더이다.

현명한 리더는 일을 잘 시키는 사람이다. 더 정확히는 일을 열심히 하고 싶게끔 만드는 사람이다. 방향과 목표를 설정해 주고 그 실마리를 제공해 주는 사람이다.

큰 판이 짜이면 똑똑한 실무자들은 알아서 일을 한다. 리더들은 옆에서 물도 건네주고 수건으로 땀도 닦아 주면서 응원하면 된다.

그런데 큰 판을 짜자면 '공부'를 해야 한다. 그동안 쌓아 온 실무 경험만 가지고는 부족하다. 나는 30대 시절에 공장 짓고 돌리는 것 하나만큼은 세계 어느 누구와 맞붙어도 이길 자신이 있었다. 하지만 정작 '경영의 세계'에 뛰어들자 그것만 가지고는 턱도 없이 부족하다는 걸 느꼈다. 참으로 당황스러웠다. 닥치는 대로 공부할 수밖에 없었다.

현장 실무자들은 흔히 상급자들이 '사정도 모르면서 답답한 소리만 한다'고 불평한다. 그저 자리만 차지하고 비현실적인 지시를 내리기 때문에 오히려 일에 방해가 된다고 비판한다. 십수 년간의 현장 경험을 훈장처럼 달고 앉아 세상이 어떻게 돌아가는지, 어떻게 바뀌었는지도 모른 채 낡은 지식을 우려먹으려 하는 퇴행적인 리더에 해당하는 얘기다.

공부를 하라는 얘기가 대학으로 돌아가서 학위를 따거나 연구를 하라는 것이 아니다.

스승은 어디에나 있다.

새로운 기술 정보나 지식은 인터넷에 널렸다. 각종 강연회나 교육 프로그램에 참석하면 각계의 전문가나 기업가들의 좋은 이야기를 들을 수 있다. 부지런히 사람을 만나 귀동냥, 눈동냥을 해야 한다. 조직 안에도 스승은 있다. 실무자들을 만나 현장 돌아가는 얘기, 업계 동향, 고객의 반응을 청취하는 것도 매우 중요하다.

이렇게 많이 듣고 보는 걸로 끝내면 안 된다. 아무리 지식이 많아도 내 것으로 소화하지 않으면 성과를 창출할 수 없다. 끊임없이 사색하면서 머릿속으로 시뮬레이션을 해 보아야 한다.

적어도 하루에 한 시간은 만사를 제쳐 놓고 공부하는 데 할애하도록 해 보자. 습관을 들여야 공부하기도 쉽고 능률도 오른다.

사실 내가 이렇게까지 힘주어 말하지 않아도 열심히 공부하는 한국의 CEO들이 참 많다. 오전 일곱 시에 열리는 조찬 강연회에 수백 명의 내로라하는 각계 리더들이 아침도 거르고 참석하는 것을 보며 놀랄 때가 많다. 그분들 앞에서 강연을 하다 보면 그 뜨거운 열기에 내가 압도당한다. 자만하면 안 되겠다는 긴장감도 생긴다.

공부하는 리더가 있는 조직은 행복한 조직이다.

200년 기업
듀폰의
인재 육성 프로그램

내가 근무하는 듀폰은 인재 육성 시스템이 체계적으로 잘 갖춰진 회사이다. 200여 년의 세월 동안 다듬어져 왔으니 안정적인 시스템을 갖춘 것이 어쩌면 당연한 일인지도 모른다. 글로벌 기업은 어떤 식으로 인재를 발탁해서 어떻게 훈련시키고 다듬는지 궁금해하는 이들이 많을 것 같아서 자세히 소개해 보려 한다.

듀폰의 인재 육성 프로그램은 크게 보아 세 개의 축으로 이루어진다. 그 세 개의 축은 채용(Hiring)과 개발(Development), 배치(Selection

[듀폰의 인재 육성 프로그램]

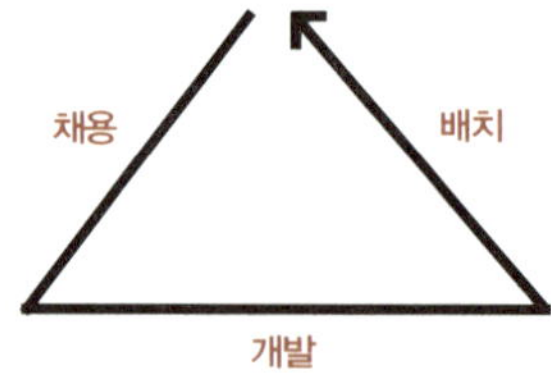

● 너의 꿈을 대한민국에 가두지 마라 ●

또는 Staffing)인데, 이 세 가지가 유기적으로 연결되어 나중에 회사를 이끌어 갈 인재들을 길러 낸다.

1 채용(Hiring)

어느 회사나 다 마찬가지겠지만 듀폰 역시 능력 있는 인재를 뽑는 것이 채용에서 가장 중요한 목표이다. 사실 능력 있는 인재를 한눈에 알아본다는 것이 쉬운 일은 아니다. 그래서 여러 가지 객관적인 자료와 주관적인 테스트가 필요하다.

객관적인 자료로는 학력을 포함한 경력 사항과 학업 성적, 추천서 등을 보고, 주관적인 테스트는 주로 인터뷰로 한다. 이 중에서 개인의 인성을 파악할 수 있는 인터뷰가 채용 여부에 큰 영향을 미친다.

물론 성적도 무시할 수 없다. 성적이 좋은 사람이 실력이 있기 때문이기도 하지만 그 사람의 성실성을 어느 정도 반영한다고 보기 때문이다. 그래서 성적이 충분조건은 아닐지라도 필요조건의 하나로 간주된다. 그러나 성적이 다소 좋지 않더라도 특출한 재능이 있거나 회사에 꼭 필요한 사람이라고 생각되는 점이 있으면 뽑기도 한다.

채용은 정기적으로 이루어지기도 하지만, 능력 있는 인재가 눈에 띄는 경우 수시로 채용하기도 한다.

일단 채용된 후에는 성적과 출신 학교, 전공을 따지지 않고 공평하게 기회를 준다. 지금까지 내가 경험한 바로는 출신 학교 또는 성적과 입사 후 보여 주는 성취도가 일치하지 않는 경우가 매우 많았다.

현재 듀폰 그룹 회장인 홀리데이 씨 역시 테네시 대학(University of Tennessee)에서 산업 공학을 전공한 사람으로 아이비리그를 비롯한 세계 초일류 대학 졸업자들을 제치고 탁월한 능력을 발휘해 오늘의 자리에 이르렀다.

2 개발(Development)

듀폰의 인재 육성 프로그램에서 가장 중요시되는 부분이다. 일반적으로 직원들의 능력 개발이 특별한 교육을 통해서 이루어지는 것으로 생각하기 쉽지만 사실상 70퍼센트는 자신의 업무를 통해 이루어진다. 그리고 나머지 30퍼센트는 회사 안팎의 트레이닝 프로그램 등을 통해 이루어진다.

대학 졸업 후에 듀폰에 바로 입사한 사람들의 평균 연령은 미국 나이로 스물두 살 정도가 되는데, 이들이 20대 중후반 정도가 되면 각자가 가진 가능성에 대한 일차적인 평가가 내려진다. 말하자면 일종의 '딱지'가 붙는 셈이다. '이 사람은 어느 위치까지 올라갈 재목이다' 하는 것이 이 시기까지 어느 정도 정해진다.

인재들은 크게 네 등급으로 나뉘게 되는데, 회장으로 클 재목, 계열사 사장급, 이사급, 매니저급 재목으로 분류되며, 직급별로 인원의 3배수가 여기에 속하여 각각의 직급에 맞는 훈련을 받으며 경쟁을 벌이게 된다. 이것을 'Coporate Promotable Program'이라고 부르는데, 재미있는 것은 당사자들이 초기에는 자신이 어떻게 평가되고 있는

지, 자신에게 어떤 딱지가 붙었는지 잘 모르는 경우가 많다는 점이다.

여기에 해당하는 사람들은 기대되는 직위가 높을수록 여러 부서를 빠르게 이동하게 된다. 외국 지사나 공장에 발령을 내기도 하고 세일 즈를 시키기도 하는데, 고위직일수록 배울 것이 많고 회사의 전반적인 상황을 꿰뚫을 수 있어야 하기 때문이다.

계열사 사장 후보들은 대개 30대 초반에 이사급까지 승진을 하고 30대 후반이면 고위 임원에 이르는 경우가 많다. 한국 기업들에 비해 승진의 속도가 빠르다고 할 수 있는데, 그만큼 빨리 많은 경험을 습득하게 하기 위해서다.

나 역시 30대 후반에서 40대에 이르는 시기에 당황스러울 정도의 빠른 승진을 거쳤다.

3 배치(Selection 또는 Staffing)

여러 과정을 거쳐 경험을 쌓은 인재들은 기회가 있을 때마다 적소에 배치된다. 사실 어느 회사나 적절한 자리에 적절한 능력을 갖춘 사람을 배치하는 것은 무척 어려운 일이다. 어찌 보면 회사의 장래가 걸린 일이라고도 할 수 있지만 사람이 하는 일인 만큼 사적인 감정이 개입되기도 하고 잘못된 평가를 내리기도 한다.

그래서 중요한 것이 바로 프로세스(Process)다. 듀폰에서는 인재들이 여러 부서를 거치면서 여러 명의 상사에게 평가를 받는다. 그 과정에서 한두 명의 상사가 개인적인 감정으로 좋지 않은 평가를 하더라도 여러 평가자의 의견이 종합적으로 반영되기 때문에 큰 영향을 미치지 못한다. 정실에 의한 인사가 원칙적으로 어려워지는 것이다. 평가 과정을 개개인의 양심에 맡기는 것이 아니라 시스템화함으로써 개인적인 감정이 개입할 여지를 원천적으로 배제한다.

그런데 한 가지 알아 두어야 할 일은 전 단계인 개발(Developing)이 잘되어 있을수록 인사(Staffing)가 수월하다는 점이다. 이것은 개인의 입장에서도 마찬가지다. 간혹 자기 개발에는 아무런 노력을 들이지 않고 학연이나 지연, 혈연 등을 통해 좋은 자리에 가는 일에만 온갖 신경을 쓰는 사람이 있다. 그러나 능력 있는 사람은 어디서건 빛을 발하기 때문에 끊임없이 러브콜을 받기 마련이다. 실력을 갖춰 놓으면 언제 어디에 가든 두려울 게 없다.

한국의 일부 대기업은 최근에 외국 대학에서 취업 설명회를 열고 여러 가지 좋은 조건을 제시하며 외국의 석·박사를 유치하기 위해 많은 공을 들인다. 물론 세계 수준의 인재들을 한국에 불러들이는 것은 좋은 일이다. 우리 기업이 글로벌 경쟁에 빨리 적응하기 위해서도 필요한 일이다. 그러나 회사가 커질수록 필요한 인재를 내부에서 길러 내는 시스템이 반드시 필요하다.

듀폰의 인사 제도에는 주목할 만한 원칙이 두 가지 있다.

그 첫 번째는 'Strategic Staffing'이다. 이것은 채용이나 인사에서 마이너리티(Minority)를 의도적으로 배려한다는 것이다. 예를 들어 아시아 지역에서는 6년 전부터 각 직위별로 여성의 숫자를 파악해서 보고하기 시작했는데, 이것을 측정하기 시작한 이후 별다른 상부의 지시가 없었지만 여성 임원의 숫자가 늘어났다. 이것은 마이너리티를 의식하는 것 자체가 얼마나 중요한지를 보여 주는 좋은 예이다.

혹자는 여성에 대해 특별히 배려하는 것이 역차별이며 회사의 효율성 면에서 부정적인 영향을 가져올 수 있지 않느냐고 물을지도 모른다. 그러나 비즈니스 세계에서는 아직까지 여성이 남성과 동등한 대우를 받는다고 보기 힘들기 때문에 역차별이라고 말하는 것은 조금 이른 감이 있다. 또한 단기적인 효율에서는 마이너스일지 모르지만, 앞으로 훌륭한 여성 인재가 우리 회사에 들어오게 하려면 여성이 잘된 사례를 남기는 것이 필요하다.

듀폰의 인재 관리에서 중요하게 생각되는 또 하나의 원칙은 'Valuing People Principle'이라는 것이다. 이것은 개개인이 최대한의 능력을 발휘할 수 있도록 회사가 기본적인 여건을 반드시 마련해 준다는 뜻이다. 여기에는 상사가 부하 직원에게 반말을 하면 안 된다든지, 성적인 농담을 해서는 안 된다든지, 인종이나 출신지 등에 대한 편견을 가지고 차별하면 안 된다든지 하는 기본적인 인권 존중에 관련된 것에서, 허리가 아픈 사람에게는 허리를 편안하게 해 주는 의자를 제공하고 컴퓨터 작업을 많이 하는 사람에게는 손목 받침을 제공한다는 등 개개인의 핸디캡이나 작업 여건에 따른 편의를 제공하는 것에 이르기까지 다양한 항목이 있다.

회사가 그렇게까지 개인의 편의에 신경 써야 할까 하고 생각하는 사람도 있겠지만 이것은 결국 회사의 이익과 직결되는 문제다. 유능한 인재를 뽑아 놓고 그들의 능력을 100퍼센트 활용하지 못한다면 회사로서는 손해가 아닐까. 심신이 가장 편안한 상태에서 일에만 집중하게 될 때 최대한의 능력과 창의성을 발휘하게 되는 것은 당연한 이치다.

특히 성희롱에 관한 것은 매우 엄격하게 관리하는데, 듀폰에서는 남성이 여성의 외모에 대해 이야기하는 것 자체가 금지되어 있다. 상사가 부하 직원과 데이트하는 것 역시 금지된 일이다.

그 밖에 직원들끼리 서로 싸우는 경우, 특히 물리적으로 충돌하는 경우에는 해고도 불사한다. 최근 중국 지사에 근무하던 상무급의 미국인 직원 한 사람도 술집에서 술을 마시던 중 싸움이 붙어 부하 직원의 멱살을 한 번 잡았다가 해고되었다.

듀폰이 금전적인 대우 면에서 세계 최상급의 회사는 아니지만 훌륭한 인재들이 많이 들어오는 것은 각 개인이 가진 조건이 자신의 일이나 경력에 걸림돌이 되지 않고 오히려 보호받으면서 능력을 최대한으로 펼칠 수 있는 합리적인 여건이 마련되어 있기 때문이 아닌가 생각한다. 회사가 개개인을 배려하고 마이너리티를 보호하며 윤리를 최우선시하는 것은 바깥세상에 회사의 이미지를 부각시키려는 홍보 전략이 아니다. 그보다는 불필요한 일에 육체적, 정신적 에너지를 소모하지 않고 최적의 조건에서 최선의 능력을 발휘할 수 있도록 하는 생산성 향상 전략이라고 보아야 할 것이다.

   너의 꿈을 대한민국에 가두지 마라

재삼 강조하지만, 이 시대의 리더는 일에 앞장서는 사람이 아니다. 일은 정보와 지식을 가진 사람이 해야 하는데, 그걸 가진 사람은 리더가 아니라 젊은 인재들이다. 물론 리더에게도 정보와 지식은 있지만 젊은 인재들을 따라가기는 힘들다. 그런 인재들을 모아서 한자리에 놓고 일할 수 있게 판을 벌여 주는 것이 리더가 할 일이다.

나만 해도 그렇다. 요즘은 부하 직원들과 이야기하다 보면 '힘에 부친다'는 생각이 자주 든다. 젊은 사람들이 나보다 더 많은 지식과 감각을 갖춘 것 같다. 그들의 얘기를 듣다 보면 세상 돌아가는 것이 새롭게 보인다. 지식을 흡수하는 속도도 나보다 훨씬 빠르다.

내 일은 그런 능력 있는 부하 직원들을 부추기고, 칭찬하고, 독려하며 그들이 성장할 수 있도록 발판을 마련해 주는 것이다. 가끔은 부하 직원들 대신 내가 영업 사원이 되어 그들에게 '일감'을 물어다 주기도 한다. 그걸 요리해서 수익을 창출하는 것은 물론 부하 직원들의 몫이다. 공연히 뒷방 영감처럼 감 놔라 배 놔라 참견하지 않는다.

물론 믿고 맡기는 게 말처럼 쉽지만은 않다. 그래도 간섭하고 싶은 마음을 꾹 참고 맡겨야 한다. 리더가 인재를 기르는 일은 부모가 자식을 기르는 일과도 흡사하다. 실수할까 봐 조바심 내고 일일이 간섭하면 결국 제대로 할 줄 아는 게 하나도 없는 사람이 된다.

나는 사람을 키우는 전략 중에서도 제일 중요한 것이 그가 가진 '강점'에 주목하는 것이라고 본다. 논에서 벼는 안 보고 잡초에만 신경을 쓰느라 농약을 과하게 뿌리면 건강한 곡식을 거둘 수 없듯이, 사람도 강점을 살려 줘야 알찬 결실을 거둘 수 있는 법이다.

40여 년 가까운 시간 동안, 우리는 돌파형 인재의 시대를 살아왔다. 하지만 지금은 창조형 인재가 필요한 시대다.

우리는 1960년대에 산업화를 시작하여 정부의 강력한 리드와 국민들의 피땀 어린 헌신, 그리고 기업가들의 과감한 도전으로 오늘날의 풍요와 민주 사회의 토대를 다져 왔다. 문제는 이제부터다. 우리가 지금껏 활용해 왔던 전략, 우리가 지금껏 점유해 왔던 포지션을 세계 여러 나라가 하나 둘씩 빼앗아 가고 있다.

여기서 한 단계 진보한 전략을 세우지 못한다면 이제 우리는 퇴보의 나락에 빠질 수밖에 없다. 그리고 미래를 대비한 전략의 가장 밑바탕이 되는 것이 바로 '사람'을 키우는 일이다.

나는 지금 우리 대한민국에 필요한 인재를 '창조형 인재'라고 부르고 싶다. 모방하고 따라잡는 가난한 후진국에는 돌파형 인재가 답이

 ● 너의 꿈을 대한민국에 가두지 마라 ●

었지만, 새로운 지평을 열고 우리만의 독특한 입지를 확보해야 하는 선진국에는 창조형 인재가 필수적이다.

그렇다면 과연 창조형 인재는 어떻게 길러 낼 수 있을까?

나는 이렇게 말하고 싶다. "리더들부터 원칙을 지키고, 아랫사람들과 격의 없이 소통하며 기회를 주고 지켜보라."

원칙은 반드시 위에서부터, 아니 위일수록 더 지켜야 한다. 나는 '바담풍' 하면서 너는 '바람풍' 하라고 할 수는 없는 일이다. 소통의 문화 역시 위에서 물꼬를 터 주어야 한다. 이렇게 원칙을 지키는 데 모범을 보이고 소통에 솔선수범한 다음에는 젊은이들에게 기회를 주고 기다려 보는 여유를 가져야 한다.

듀폰에서는 직원들이 일을 하다가 실수한 것에 대해 '실수'라고 말하지 않고 '기회(Opportunity)'라는 단어를 쓴다. 물론 회사의 규정이 허용하는 범위 내에서 실수한 경우를 말한다. 이것은 '당신의 실수는 실패가 아니라 더 많은 것을 배울 수 있는 기회였으니, 그것을 거울삼아 앞으로는 더 잘할 수 있을 것이다'라는 뜻으로 하는 말이다.

또 어떤 금융 회사에서는 실수로 투자를 잘못해서 엄청난 손실을 입은 경험이 있는 펀드매니저를 거액의 스카우트비를 주고 데려갔다는 애기를 들은 적이 있다. 큰 실수를 통해 많은 것을 배웠을 것이니, 그 값비싼 경험을 사겠다는 애기다.

리더가 명령하고 아래에서 무조건 따르는 방식으로는 정보와 지식과 아이디어와 창조성으로 승부를 해야 하는 글로벌 세계에서 승자가 될 수 없다. 기업의 미래를 이끌어 나갈 창조형 인재를 키울 수도 없다.

2002년 월드컵에서 보았듯, 젊은 세대들 역시 일단 하기로 마음먹었다 하면 정신없이 돌진해서 남보다 확실하게 앞서야 속이 개운한 한국인이다. 그들이 뛰어들어 일하고 싶도록, 마음껏 능력을 발휘하고 싶도록 길을 터 주고 판을 벌여 주어야 한다. 그리고 여유를 가지고 지켜봐 주어야 한다.

간혹 실수를 할지도 모른다. 그러나 오늘의 작은 실수를 통해 내일의 큰 실패를 막을 수 있다면 그 이상 값진 경험은 없을 것이다.

오늘의 리더들이 소통을 실천하고 원칙을 지키는 자세를 꾸준히 견지한다면 한국인의 도전 정신은 자연히 꽃을 피울 것이다. 천천히, 멈추지 않고, 한결같은 마음으로 나아가는 대한민국의 리더들에게 깊은 존경의 인사를 보낸다.

5장

창조, 변화, 환경, 윤리

더 넓은 미래를 여는

네 가지 키워드

다음 10년에
글로벌 도전의 진짜 승부가
펼쳐진다

우리는 3이라는 숫자를 참 좋아한다. 우리 한민족의 심성을 깊이 연구해 온 학자들은 3이 완성을 뜻하는 숫자라고 이야기한다.

어릴 적부터 우리는 삼세판이란 말을 자주 했다. 어린아이부터 어른까지, 비즈니스나 운동 경기는 물론 추석이나 설에 윷놀이를 하더라도 세 번은 해 봐야 승패를 가늠할 수 있다는 것이다. 첫째 판은 시작이요 둘째 판은 깨지고 부딪쳐 보는 시간이요 셋째 판은 진짜 제대로 해서 성과를 거두는 결판이니 삼세판을 이야기한 우리네 조상은 참 지혜로운 양반들이다.

우연인지 필연인지 알 수 없으나 우리 대한민국은 바로 지금 삼세판을 맞이했다. 1988년에 우리는 올림픽을 개최하여 세계에 문을 활짝 열고 손님들을 맞아들였고, 내국인의 해외여행도 자유화하여 지구 곳곳을 마음대로 누비게 됐다. 1997년 IMF 사태로 글로벌 도전 첫째 판은 실패로 끝이 났지만 1998년부터 10년 동안 우리는 정보화와 기업 개혁이라는 힘든 일을 무난히 해냈다. 또한 글로벌 세상을 향해 문호를 개방하는 일도 게을리 하지 않았다. 많은 외국 기업이 한국에 들어왔고, 글로벌 기업들과의 치열한 경쟁 속에서도 세계 일등의 자리를 차지하는 상품들이 빠른 속도로 늘어나고 있다. 그러나 아직 대한민국의 글로벌 도전은 충분한 결실을 이루지 못하고 있다.

2017년, 글로벌 세계에 도전한 지 30년이 되고 삼세판 싸움이 끝날 즈음이 되어야 우리는 오래도록 갈망해 왔던 글로벌 도전의 열매를 맛보게 되리라 생각한다. 즉, 앞으로 10년을 어떻게 보내느냐에 따라 나라의 100년이 완전히 달라질 것이다. 지금의 20대가 30대가 되고, 30대가 40대가 되었을 때 세계 속에 우뚝 선 인재 강국을 만들고 싶다면 과거와는 전혀 다른 사고와 자세로 살아야 한다.

돌이켜 보면 우리에게는 참으로 여러 차례의 기회가 있었다. 가장 안타까운 기회는 1986년부터 시작된 3저 호황이다. 일본이 갑작스러운 엔고로 힘들어하고, 중국은 아직 개혁 · 개방의 날개를 제대로 펴지 못하고 있던 그 시절에 부지런히 경쟁력을 키웠더라면 아마도 우리는 세계 경제의 판도를 바꿀 글로벌 강자가 되었을지 모른다.

하지만 그 시절에 우리 대한민국은 몇십 년 동안 '독재'라는 말이 나올 만큼 소홀히 했던 정치의 민주화에 많은 공을 들였다. 불가피한 일이었지만 글로벌 경쟁력을 갖추는 데 소홀한 것은 아쉬운 대목이다. 더 강한 경제와 더 좋은 경영도 아주 훌륭한 민주주의의 과실이 아닌가? 나는 기업인이기 때문에 선거와 시위만이 민주주의는 아니라고 생각한다.

그 시절에 우리는 또 그동안 누리지 못했던 소비의 단맛에 황홀해했다. 88올림픽으로 사회 분위기가 들뜨면서 내수 시장이 커진 것은 자연스럽고 좋은 일이다. 하지만 일본이 1964년 도쿄 올림픽 이후 오히려 더 큰 성장을 누렸던 것과 달리 튼튼한 내수 시장을 만들지는 못했다. 부동산 투기 바람도 거세게 불었다.

1995년에 김영삼 대통령이 제시한 세계화는 글로벌 기회를 어렴풋이 인식하고 제시한 새로운 화두였다. 그러나 개방이라는 겉껍질에만 초점을 맞췄지, 우리를 글로벌 강자로 격상시키기 위한 철학과 전략이 없었다. 그 결과는 IMF로 참담하게 끝이 났다.

안타깝게도 우리가 놓친 기회와 세월은 필연적인 '학습'의 과정이었다. 그만큼 우리 대한민국이란 나라는 미숙했다. 1960년대에서 1980년대까지, 마치 사춘기 청소년처럼 우리의 몸은 폭발적으로 컸지만 마음은 그 성장을 따라잡지 못하였던 것이다. 오직 소수의 기업들만이 그런 와중에도 혜안을 발휘하여 앞서 나아갔다.

IMF 이후 10년의 세월이 재정비와 도약의 시간이었다면 진짜 중요한 싸움은 다음 10년에 펼쳐진다. 청년 대한민국은 이제 겨우 일어서고 있는 것이다. 다음 10년은 삼세판, 세 번째 싸움이다. 이제 한 번 싸워 볼 만한 글로벌 도전의 진짜 승부가 펼쳐지는 시간이다.

다음 10년의 도약은 기업이 이끌어야 한다

🌐

단지 삼세판이라고만 말하면 다음 10년이 왜 중요한지 쉽게 와 닿지 않을 것이다. 나는 크게 세 가지 이유를 들어 다음 10년의 중요성을 강조하고 싶다. 하나는 이제 우리 사회가 본격적인 글로벌화를 위한 준비를 어느 정도 갖췄다는 것이다. 둘은 우리의 바로 옆에서 중국 경제가 세계 경제의 성장을 주도하기 시작했다는 것이다. 셋은 IMF 10년 동안 기업이 우리 사회를 책임지는 명실상부한 리더가 되었다는 점이다. 더구나 새 정부에서는 기업들이 한층 자유로운 분위기 속에서 국가 발전에 기여할 수 있을 것으로 기대된다. 이 세 가지 요소는 무엇 하나 우열을 따질 수 없을 만큼 중요한 것들이다.

무엇보다 지금 우리 사회는 글로벌 인프라가 충분히 갖춰졌다. 우리는 1987년 이후로 20년 동안이나 세계를 향해 문을 열고 꾸준히 나아갔다. 물론 IMF 사태로 큰 고통을 당했지만 우리는 그 상흔을

● 너의 꿈을 대한민국에 가두지 마라 ●

극복해 왔고, 그것도 아주 잘해 왔다. 어린아이가 두 발로 처음 일어서려고 할 때를 생각해 보자. 많이도 넘어진다. 때로는 크게 다쳐서 부모의 가슴을 철렁 내려앉게 한다. 그러나 몇 주만 지나면 환하게 웃는 얼굴로 온 집안을 뛰어다닌다.

한국은 글로벌화 면에서 이제 막 걸음마를 뗀 처지다. 무엇보다 글로벌화에 대한 의지가 아주 강해졌다. 누구는 영어 망국병을 이야기하지만, 원래 새로운 것을 시작하다 보면 그런 부정적인 열풍도 부는 법이니 너무 걱정할 것 없다. 유학생도 참 많이 내보낸다. 중학교, 고등학교 때부터 외국에 나가 공부를 한다. 비록 대한민국의 교육이 마땅치 않아서 해외로 나간다는 사람도 많지만, 이유야 어찌 됐건 그렇게 해외에서 배우고 연어처럼 한국으로 회귀하는 사람들이 많아지면서 우리 사회의 글로벌 체력이 더욱 좋아질 것이다.

외국 기업에서 일하는 사람들도 과거에 비할 수 없이 많아졌다. 특히 IMF 10년 동안 비약적으로 늘어났다. 한국과 한국의 인재들은 세계 최고 수준의 경쟁력을 가진 초일류 기업들로부터 그들이 수십 년, 수백 년 동안 쌓아 온 노하우와 글로벌 철학을 공급받고 있는 셈이다. 우리나라 기업과 각종 기관에서 일하는 외국인들도 수십만에 달한다. 그들로부터 새로운 문화, 참신한 시각이 우리 사회와 문화에 수혈되고 있다. 무려 10년 동안 우리는 집중적으로 글로벌 과외를 받았던 것이다.

FTA는 이런 성과를 넘어 제대로 된 글로벌화를 해 보겠다는 의지를 표명한 것이라고 보아야 한다. 싸움에 비하자면, 우리는 FTA로 먼저 공격의 포문을 열었다고 할 수 있다. 우리 사회는 개방을 할 때마다 늘 논란이 많았지만 문호를 여는 만큼 한 걸음씩 앞으로 나아갔다. 오히려 비좁은 국토에서 가슴 뜨거운 사람들이 오밀조밀 모여 살면서 생긴 갖가지 '트러블'을 개방을 통해 바깥으로 분출할 수 있었다고 본다.

FTA는 외부의 강요나 요구에 따른 '수동적' 개방이 아니라 '능동적'이고 '공세적'인 개방이다. 이전에는 쓰디쓴 실패를 맛보았지만, 이번에는 한번 제대로 붙어서 게임을 주도하겠다는 의지가 느껴진다. IMF 10년과는 확연히 다른 뜨거운 긴장이 사회 곳곳에서 부글부글 끓고 있다.

한편, 이제 아시아는 세계 경제의 성장을 선도하는 성장 엔진이 되었다. 세계 경제가 성장할 때는 항상 그것을 주도하는 강력한 '중심 시장'이 있었다. 예를 들어, 서구인의 시각이긴 하지만 아메리카 대륙의 '발견(?)'을 주도한 스페인 같은 나라는 식민지에서 캐어 온 은으로 유럽 경제의 부흥을 이끌었다. 2차 세계 대전이 끝난 다음에는 미국이 자본주의 시장의 보루 역할을 자임했다. 일본, 한국이나 타이완 같은 나라는 미국에 수출을 많이 해서 벌어들인 돈으로 지금의 부를 쌓았다. 중국도 지금까지는 미국 시장에 상품을 팔아서 막대한 달러를 벌어들였다.

번영하는 기업과 나라는 이처럼 성장하는 시장을 놓치지 않고 기회로 활용했다. 예를 들어 일본의 도요타나 혼다, 소니와 같은 기업들은 1960년대와 70년대에 미국 시장으로 진출하여 큰 성공을 거두

　● 너의 꿈을 대한민국에 가두지 마라 ●

었다. 나라와 기업이 쑥쑥 성장해서 시장의 주도자가 되려면 반드시 성장 시장에서 제대로 판을 벌여야 한다.

우리로서는 중국, 인도, 러시아 등 크게 성장하는 시장이 가까이 있다는 점이 큰 행운이다. 그곳은 서양보다 역사적, 문화적으로 우리에게 더 친숙한 시장이다. 아무리 지금이 운송과 통신이 발달한 글로벌 시대라고 해도, 역사와 문화의 친숙함은 강력한 경쟁 우위로 작용할 수 있다.

1998년에 듀폰이 한국인인 나에게 아시아 태평양 사업을 맡긴 것도 내가 아시아를 가장 잘 알고 듀폰의 비전과 원칙을 이곳에 맞게 잘 다듬어 최고의 경쟁력을 발휘할 것이라고 판단했기 때문이다. 듀폰은 그때까지만 해도 글로벌 리더는 무조건 미국인이 맡아 책임을 지는 그런 회사였다. 심지어 유럽의 비즈니스도 유럽 출신이 맡지 못했었다. 나는 듀폰 최초로 미국 외 지역 출신이 한 지역을 총괄하게 된 케이스였다. 실제로 나는 회사의 기대대로 듀폰 아시아 비즈니스의 폭발적 성장을 주도해 왔다.

앞으로 무수한 한국인에게 나와 비슷한 기회가 주어질 것이다. 그런 기회를 과감히 붙잡으려면 중국에 대한 막연한 두려움을 넘어서야 한다. 마치 미국 바로 옆의 남미가 그랬던 것처럼 우리도 중국에 '먹히는' 게 아닌가 하는 두려움이 알게 모르게 한국 사람들의 마음에 스며들어 있다. 확언컨대, 지금부터 제대로 준비한다면 절대로 그럴 일은 없을 것이다. 한국인은 절대로 만만한 존재가 아니다. 수천년의 역사가 그를 증명해 왔고, 한국인에 대한 외국계 비즈니스 리더들의 평가도 이를 뒷받침한다.

게다가 중국은 과거처럼 함부로 국수주의로 나아갈 수 없다. 냉전이 끝나고 세계의 유일무이한 슈퍼파워로 인식되던 미국마저 견제를 당하는 것이 작금의 글로벌 정세이다. 중국의 지도자들에게 세계 정세의 변화를 내다보는 혜안이 있다면 함부로 나아가지 못할 것이다.

다음 10년이 중요한 또 하나의 이유는 시장과 기업의 중요성에 대한 사회적 합의가 이뤄졌다는 점이다.

과거 몇십 년 동안 우리는 국가가 모든 것을 결정하고, 최고 통수권자의 한마디에 모든 것이 좌우되는 그러한 시대를 살아왔다. 성장을 이끈 것도 국가였고, 구조 조정을 주도한 것도 국가였다. 1980년대와 90년대를 거쳐 기업은 꾸준히 나라 살림살이에서 그 중요도를 높여 왔다. IMF 이후 10년은 시장과 기업이 경제의 중추가 되었음을 보여 준 기간이다.

지금은 누구나 국가가 아니라 기업이 나라의 성장을 주도한다는 것을 안다. 이 당연한 사실이 왜 중요한가? 글로벌 경쟁의 핵심 주자는 기업이기 때문이다. 글로벌 경쟁은 유연하고 빨라야 한다. 세계 시장은 넓고 복잡하고 빠르게 변하기 때문에 예전처럼 '경제기획원'이나 '재정경제부'가 앞장서서 방향을 제시하거나 결단을 내릴 수 없다. 가볍고 날쌘 기업 조직들이 번개처럼 세계 곳곳을 누벼 줘야 한다.

새 정부의 친기업적이고 시장주의적인 정책이 기업들의 성장과 경쟁력에 날개를 달아 주리라고 생각한다.

개별 기업들은 이러한 상황에서 제대로 된 비전과 책임감을 갖고 최선을 다해 세계무대로 나아가야 한다. 어느 사회에나 중심 세력이 있게 마련이다. 조선 시대에는 선비와 관료들이 사회를 움직였다. 얼추 20년 전까지 한국 사회도 관료들의 역할이 절대적으로 중요했다. 하지만 지금은 그렇지 않다. 기업이다. 인재와 정보의 핵심에 기업이 서 있다. 또한 국민이 먹고살 거리를 마련하는 것도 기업의 몫이 되었다. 이렇게 기대와 책임을 한몸에 지고 있는 우리의 기업들이 다음 10년, 한국의 도약을 힘차게 이끌어 나가는 모습을 보고 싶다.

다음 10년을
승리로 이끌
네 가지 키워드

우리는 지난 두 번의 10년을 아쉽게 놓쳤다. 소중한 교훈을 얻었고, 도약을 위한 에너지를 응축시켰지만 아쉬움이 남는 것은 어쩔 수 없다. 이제 더는 실패하지 않겠다는 각오를 굳게 다져야 한다. IMF 사태의 전철을 밟지 않고 다가오는 10년의 기회를 잡기 위해 우리는 네 가지 키워드를 가슴에 새겨야 한다. 그것은 바로 창조, 변화, 환경, 윤리이다. 이 네 가지 키워드는 지속 가능한 경영을 위한 필수 조건이기도 하다.

창조 – '포용'과 '융합'이 21세기의 창조적 지식 경쟁을 주도한다

창조력은 새롭고 참신한 지식이 최대의 경쟁 무기인 21세기 글로벌 시장에서 살아남기 위한 필수 조건이다. 19세기와 20세기가 자본과 기술력의 싸움이었다면, 21세기의 100년은 창조력이 자본을 유치하고 기술을 상품으로 만드는 핵심 원동력이 된다.

일반 소비자가 아니라 기업 고객을 주로 상대하는 듀폰도 이런 흐름에서 예외는 아니다. 과거에는 듀폰과 같이 기업을 대상으로 비즈니스하는 기업들은 변덕스러운 시장의 변화에 급격하게 휩쓸릴 위험이 덜했다. 예를 들어 테프론(불소 수지)이나 마일라(폴리에스터 필름)와 같은 제품을 개발해 놓으면 적어도 수 십 년간 팔아서 높은 수익을 낼 수 있었다. 최종 소비재를 만드는 기업들이 그것을 활용해서 다양한 제품을 개발하고 적당히 업그레이드해서 마케팅하느라 치열한 경쟁을 벌이더라도, 듀폰은 한 발짝 뒤에서 가격 경쟁력 정도에만 신경을 쓰면 되었다. 이런 듀폰의 '호시절'은 1990년대 중반에 접어들면서 완전히 끝이 났다.

기업들의 혁신 경쟁, 창조 경쟁이 단순한 마케팅 전쟁을 넘어 근원적으로 혁신적인 제품을 개발해야 하는 단계에 도달하면서 시장 경쟁의 압력은 소재 개발에 주력하는 듀폰에도 직접적으로 느껴지고 있다. 더 혁신적인 소재가 없다면 더 혁신적인 제품을 개발할 수 없기 때문이다. 이런 변화로 인해 듀폰은 5년마다 제품군의 35퍼센트 이상을 혁신적인 신제품으로 대체해야 하는 '혁신 압력'을 받고 있다.

듀폰의 창조적 혁신의 가장 큰 힘은 사람이다. 세계 각국에서 모여든, 다양하지만 이질적인 인재들을 'Miracle of Science'라는 비전 속에 융합하는 것이 혁신의 엔진을 가동시키는 힘이다.

듀폰만 그런 것은 아니다. 글로벌 시장을 선도하는 초일류 기업들은 세계 곳곳에서 창의적인 인재들을 고루 모아서 하나로 융합해 나간다. 이질적인 문화, 전혀 다른 생각이 모여 창조적인 '충돌'을 하는 것이 글로벌 이노베이터들의 단순한 비밀이다.

이질적인 요소의 융합은 단순히 문화나 인종적 다양성의 결합에만 그치는 것은 아니다. 요즘 앞서 가는 기업들은 경영학이나 과학을 넘어 문화 인류학에 심취하고, 예술과 인문학 삼매경에 빠지는 일도 다반사이다.

인류가 지금보다 더 '새로운 것'에 목말라했던 때가 있을까. 자고 나면 신제품이 쏟아지는 것이 요즘의 현실이다. 이런 세태를 뒤집어 보면, 새로운 것이 예전만큼 높게 평가받지 못하고 고객들의 열광 또한 오래가지 못한다는 냉정한 시장의 진실이 보인다.

대접받는 것은 질적으로 차별화된 아이디어, 예기치 못한 통찰력이다. 이런 아이디어와 통찰력을 얻어 내자면 근원적으로 이질적인 요소들을 하나로 융합하고, 더 나아가 적대적인 생각과 사상마저 포용하는 용기가 있어야 한다. 관용하고, 경청하고, 인정하고, 배려하는 자세야말로 창조적인 기업 문화의 필수 요건이다.

변화 – 미래에 가치 있을 경쟁력을 지금 이 순간에 개발하라

앞으로의 10년은 문명사의 전환점이 될 것이다. 변화는 인류 역사의 어느 시점에나 있었지만, 다음 10년의 변화는 말 그대로 획기적인 변화가 될 것이다.

살아 있는 생물인 말이 끄는 마차 시대가 끝나고 화석 에너지로 기계를 돌려 움직이는 증기 기관차의 시대가 열렸듯이, 지구 표면에서만 움직이던 시대를 넘어 하늘과 우주의 시대가 열렸듯이, 다음 10년 동안에 우리 인간의 문명은 본질적인 변화를 겪게 될 것이다.

우리는 이미 그런 변화의 단초들을 확인하고 있다. 미국 중심의 체제는 끝나고 세계 곳곳에서 새로운 문명의 중심지가 등대처럼 빛을 발하게 될 것이다. 예전처럼 한두 곳의 초강대국이 모든 것을 좌지우지하는 경우는 점점 드물어질 것이다. 석유 중심의 에너지 시스템이 크게 도전받고 있는 것도 눈여겨볼 일이다. 바이오에너지, 원자력, 풍력과 태양력 등 다양한 에너지원이 기업과 도시를 움직이는 힘을 공급할 것이다. 약탈과 전쟁이 중심이던 '정치의 시대'에서 협상과 거래가 더 중시되는 '경제의 시대'가 다시 도래할 것이다.

한마디로 한 세기에 한 번 있을까 말까 한 단절과 격변의 시기가 열리고 있는 것이다. 이런 시대에는 '변화 능력' 그 자체가 중요한 경쟁 우위 요소가 된다. 힘 있을 때, 뚜렷한 철학을 갖고 변화를 주도해야 승자가 될 수 있다.

듀폰은 고유가 국면을 앞둔 시점에서 석유 회사 CONOCO를 매각했다. 이유는 간단하다. 좋았던 과거에 안주하는 것을 경계하고 바이오에너지와 같은 미래 산업에 집중하기 위해서다. 지금 변화를 시작하지 않으면 고유가에 취해 십중팔구 몇십 년을 허비하게 되고, 그렇게 되면 미래에는 더 탁월한 경쟁자들이 혁신적인 에너지 기술로 듀폰의 자리를 차지할 게 뻔하기 때문이다.

기업의 변화란 미래에 가치 있을 경쟁력을 지금 이 순간에 개발할 수 있도록 체제를 바꾸는 것이다. 눈앞의 작은 이익에 마음이 쏠려서는 미래 경쟁력을 제대로 키울 수 없다. 올바른 방향으로 단호하고 우직하게 나아가야, 성과물이 정말 필요한 시점에 '변화'를 '수확'할 수 있는 것이다.

실제로 듀폰의 역사는 선도적인 자기 파괴와 혁신을 통해 기업의 미래 가치 곡선을 업그레이드하는 과정이었다. 듀폰이 주력 업종인 화약 산업을 슬슬 포기할 시점에 1차 세계 대전이 터졌다. 듀폰은 돈을 쓸어 담는 화약 산업을 포기한 대신 세계 최초로 기업 연구소를 설립해서 세계인의 생활을 바꾸는 화학 기업으로 도약했다. 아마 당시 듀폰 구성원들 중에는 그 같은 결정을 아쉬워한 사람이 많았을 것이다. 하지만 듀폰이 화약 산업에서 화학 산업으로 과감히 탈바꿈하지 않았다면 200년을 넘어서 이제 300년을 향해 가는 위대한 기업이 될 수 있었을까?

변화하는 것 자체도 중요하지만, 어떻게 하느냐도 매우 중요한 문제이다. 여기서 필요한 것이 자신만의 '철학'이다. 변화의 목표는 환경에 적응하는 것이 아니다. 적응만을 생각하다가는 자기 정체성을 잃어버리고 공중분해되기 십상이다. 변화의 진정한 목표는 환경에 맞게 자신의 강점을 최대한 활용할 방법을 찾아내는 것이다. 자신의 강점을 잘 알고 제대로 활용하는 것은 평범하지만 가장 확실한 성공의 비법이다.

듀폰의 장점은 쉴 틈 없는 창조 능력이었다. 이런 능력을 지속적으로 개발하고 한 단계 업그레이드할 전략은 무엇일까. 고민 끝에 나온 것이 바로 'Miracles of Science'라는 비전이다.

비전이 그저 단순한 구호인 것 같아도 실상은 그렇지 않다. 말이 씨가 된다는 우리네 속담처럼, 말은 생각을 결정하고, 생각은 행동을 좌우하는 법이다. 기술이 점점 빠르게 발전하고 새로운 과학적 발견이 쉴 새 없이 쏟아지는 가운데 단순히 화학 하나만을 생각한다는 것은 듀폰을 절름발이로 만들 위험이 있다. 'Miracles of Science'라는 말에는 단순한 화학 기업을 넘어 다양한 과학 분야와 기술의 근원적인 융합을 통해 전혀 새로운 제품을 공급하겠다는 '강렬한 변화의 의지'가 담겨 있다.

환경 — 지구와 기업의 생존을 위한 문명 전환적인 발상을 하라

물질적 풍요에 대한 인간의 욕구를 현재의 기술과 생산 체제로 만족시키려 들었다가는 인류는 최악의 자연재앙과 전쟁의 소용돌이에 휘말리고 말 것이다.

1억 정도로 추산되는 중국의 중산층이 한국인들처럼 물을 펑펑 쓴다면 어떤 일이 벌어지게 될까? 중국 인구의 절반 이상이 자동차를 갖고, 그 전부가 휘발유나 경유를 사용한다면 어떤 일이 벌어지게 될까?

우리는 어쩌면 중국과 인도 국민의 대다수가 아직까지 가난하다는 것에 깊은 감사의 마음을 품어야 하는지도 모르겠다.

그렇다면 우리는 물질적 풍요에 대한 열망을 억제해야 하는 것일까?

서양의 중세처럼 종교가 사회 전체를 강력하게 지배하는 시대가 다시 오지 않는 한 그런 일은 불가능하다. 결론적으로, 성장하는 세계 경제 속에서 수십억 인구의 열망을 충족시키면서도 환경을 보존할 수 있는 혁신적인 기술과 생산 시스템이 반드시 개발되어야 한다는 얘기다.

그러한 이상적이고 혁신적인 기술이나 생산 체제를 단순히 '친환경'이라는 말로 묘사할 수는 없을 것 같다. 자연환경과 완벽하게 조화를 이루어 지구에 조금도 부담을 주지 않을, 말 그대로 새로운 문명이라 해도 좋을 그 무엇이 필요하다. 마치 과거의 농업이나 수렵 생활이 그랬던 것처럼 공업과 첨단 산업 중심의 자본주의 경제도 자연의 사이클과 완벽하게 통합되어야 하는 것이다.

이런 이야기가 공상처럼 들릴 수도 있다. 하지만 인류가 겪어 온 변화는 이루 헤아리기가 힘들다. 몇십 년 전만 해도 유기농이나 친환경이라는 말 자체를 듣기가 힘들었다. 그러다가 어느 순간부터 '웰빙' 열풍이 불기 시작했다. 유기농 제품이 우리 생활 곳곳에 파고들어 이제는 중요한 상품 카테고리로 자리 잡게 되었다. 그런데 한번 생각해 보자. 만일 중국의 인구 중 1억 명이 유기농 식품을 원한다고 할 경우 공급이 가능할까? 아마도 현재의 방법으로는 도저히 불가능할 것이다. 결국 우리가 선택할 길은 생산 시스템을 혁명적으로 변화시키는 것이다.

듀폰 또한 그런 길을 걷고 있다. 단위 제품 하나당 에너지 사용량과 이산화탄소 발생량을 최소로 줄이기 위해 지금 이 순간에도 듀폰의 연구진은 노력하고 있다. 새로운 농약이나 농산물 종자 개발 역시 자연의 사이클에 통합된 문명을 만들기 위한 필수 작업 가운데 하나다. 과거처럼 인간의 분뇨를 퇴비로 재활용하는 산업이 거대 산업으로 다시 등장할지도 모른다. 종이나 플라스틱도 재활용하는데 인간의 배설물을 환경 사이클로 되돌리는 것을 주저할 이유는 없으리라.

이런 문명적인 변화는 워낙에 규모가 크고 변화의 영향이 깊어서 헤아릴 수 없을 만큼 막대한 이익 창출의 기회를 기업들에 안겨 줄 것이다. 단순히 환경과 직접적으로 관련된 기술 개발이나 친환경 상품 개발이라는 발상만으로는 이런 기회를 제대로 활용할 수 없을 것이라 생각된다. 증기 기관차나 인터넷이 단지 물류나 통신의 변화만 가져온 것이 아니듯, 환경 시대의 개막이 가져올 2차적, 3차적 영향까지도 고려해야 변화의 과실을 온전히 수확할 수 있을 것이다.

지금은 환경 문제가 윤리적인 가치와 결부된 문제이지만, 10년 후쯤이면 이것은 생존의 문제이자 엄청난 기회의 창이 될 것이다. 그때 가서야 움직이려는 기업들은 땅을 치고 후회하게 될지도 모를 일이다.

윤리 – 위에서부터 솔선수범하라

이제 기업의 윤리는 이미지 제고의 차원을 넘어 생존과 경쟁력의 문제가 되어 버렸다.

2007년 국제 투명성 기구의 발표를 보면 한국의 투명성 지수는 5.1점으로 OECD 가입 30개국의 평균 7.18점에 한참 뒤떨어진 수준이다. 예전보다 많이 개선됐다고는 하지만 부패 개선 속도마저 둔화하고 있어 긴장해야 하지 않을까 싶다.

기업의 윤리 부재는 사회적 지탄이나 법률적 제재 이전에 기업 조직의 약화를 부른다는 점에서 치명적이다. 특히 리더들의 언행불일치는 구성원들의 냉소를 부르기 십상이다. 믿을 수 없는 리더에게 헌신하는 사람은 없고, 조직원의 헌신 없이 번성하는 기업도 없다.

듀폰은 부가 가치 창출 여력이 금융업이나 신흥 IT 산업보다 떨어지기 때문에 임금이나 근무 조건이 세계 최상급은 아니다. 하지만 내부적으로 굉장히 강력한 윤리 기준을 가졌고, 거기서 비롯되는 청렴한 기업 문화가 구성원들을 안정시키고 업무에 헌신하게 만드는 원동력이 되고 있다.

내가 아시아·태평양 회장을 맡은 이래 윤리 문제 때문에 여러 직원을 해고했지만, 아마도 한국의 기준으로 보자면 하나같이 '사소한' 것들이라고 생각할 것이다.

예를 들어 일본에서는 몇만 원짜리 택시 쿠폰을 부정 사용한 직원을 해고한 바 있다. 듀폰 일본 지사에서는 업무상 접촉한 외부 인사들이 늦은 시간에 귀가해야 할 경우에 대비해서 택시 회사들과 '쿠폰 사용 계약'을 맺고 있다. 듀폰 직원이 외부 관계자에게 쿠폰을 지급하면, 쿠폰을 받은 사람은 서명을 해서 택시 기사에게 주고, 택시 회사가 다시 듀폰에 돈을 청구하는 방식으로 활용된다. 그런데 일본 지사의 한 직원이 이 쿠폰을 마치 외부인이 사용한 것처럼 서명을 위조해 사용했다가 적발됐다. 그는 적발된 날 바로 해고됐다.

아마 이 글을 읽는 분들은 고개를 갸우뚱할 것이다. 그렇게까지 할 필요가 있을까? 좀 심한 것 아닌가? 그러나 윤리 문제에 관한 한은 사소한 것들부터 꽉 잡아 둬야 한다는 것이 듀폰과 나의 지론이다.

처음부터 커다란 부정부패 스캔들이나 대형 사고가 벌어지지는 않는다. 대수롭지 않다고 생각하는 일들이 '관행'처럼 하나 둘 쌓이다 보면 눈덩이처럼 불어나서 커다란 사고로 이어지는 것이다. 마치 커다란 벌레들은 못 들어오는 작은 방충망 구멍을 작은 벌레나 유충들이 비집고 들어와 나중에는 집 안에 벌레가 번성하게 되는 경우나 마찬가지다.

최근에 강연을 하러 가서 한국의 리더들을 만나 보면 윤리 문제에 관해 매우 진지하게 고민하고 있음을 느낄 수 있다. 하지만 대개는 외부인의 부정한 요구에 대해 어떻게 대처해야 하는지에 관심이 쏠려 있다. 진짜로 중요한 것은 내부 규율을 엄격하게 다잡는 것이다. 스스로가 떳떳하고 윤리적이라야 남들의 부당한 요구에도 당당히 대치할 수 있는 것이다.

언제나 떳떳하고 바르게 처신하는 리더는 부하들의 뜨거운 존경을 받게 마련이다. 좋은 인재, 탁월한 인재를 회사에 붙들어 두고 그들에게 뜨거운 '일'의 열정을 불어넣고 싶다면 리더들은 자신의 윤리적 기준부터 먼저 끌어올릴 필요가 있다. 고객들의 마음에도 윤리는 큰 영향을 준다. 갈수록 치열해지는 경쟁으로 기업을 바라보는 시장의 눈높이는 천정부지로 치솟고 있다. 좋은 제품, 창의적인 브랜드에 더하여 깨끗하고 투명하게 경영해야 '대접' 받는 것이 요즘 추세다. 게

다가 고객들이 기업 정보에 점점 쉽게 접근할 수 있다는 것도 윤리
경영이 요구되는 하나의 이유다.

국가 조직도
비즈니스 마인드로
무장하자

다음 10년 동안 우리는 고부가 가치를 창출하는 나라, 한 단계 업그레이드된 국민이 되어야 한다. 한국 일부 기업의 제품이 아니라, '한국 사람, 한국 제품은 믿을 만하다'는 얘기가 나와야 한다.

지금, 우리 모두는 엄청난 기회이자 상상치도 못한 위험의 소용돌이 속으로 휘말려들고 있다. 세계 경제가 아시아로 그 중심을 이동하기 시작한 것이다. 이 놀라운 기회에 과연 우리는 주도권을 잡고 중심에 설 것인가, 아니면 격랑에 휩쓸려 가라앉을 것인가?

2008년에서 2017년까지 10년 동안, 우리 한국은 글로벌 도전의 세 번째 10년을 맞이하게 된다. 우려와 비관의 목소리가 많지만, 나는 한국에는 축복과 기회의 시간이 될 것이라 믿어 의심치 않는다. 다만, 나의 이런 낙관은 몇 가지 조건을 전제로 한다. 첫째, 글로벌 인재의 확충, 둘째, 기업들의 필사적인 노력, 셋째, 국가의 도움과 협조이다. 지금까지 첫 번째와 두 번째에 대해 주로 이야기해 왔으니,

여기서 대한민국의 공무원들에 대한 몇 가지 바람을 전하고 싶다.

아무리 변화를 선도하는 것이 기업이라고 하지만 대한민국이 글로벌 세계에서 경쟁력을 가지기 위해서는 공공 영역 종사자, 특히 공무원들의 역할이 필수적이다.

우리나라는 외국 기업들이 들어와 기업 활동을 하기에 좋은 나라가 아니다. 각종 행정 규제가 너무나 많고 신고 절차도 까다로워서 외국 기업이 들어왔다가도 포기하고 도로 철수하는 일이 많다. 이에 비해 아시아의 경쟁국들은 지금 외국 기업의 투자를 끌어들이는 데 혈안이 되어 있다.

싱가포르 같은 경우에는 규제가 거의 없다고 해도 과언이 아니다. 단돈 2달러만 내면 회사 등록증이 나올 정도로 기업 설립도 자유롭다. 각종 세제 혜택은 물론이고 외국인 자녀들을 위해 교육 환경을 개선하는 등 외국 기업의 투자 유치에 적극적이다. 경제개발청(EDB) 공무원들도 마치 세일즈맨과 같은 자세로 투자 유치를 위해 뛰어다닌다. 외국 기업이 면담 요청을 하면 이들은 득달같이 먼저 달려와서 "불편한 점이 있냐"고 묻고, 요구 사항을 말하면 'No'라고 말하는 법이 없이 최선을 다해 해결해 준다. 7천여 개 다국적 기업의 약 60퍼센트가 싱가포르에 지역 본부를 두고 있는 것은 결코 우연이 아니다. 싱가포르 경제는 외국 기업들의 투자를 원동력으로 발전했다고도 할 수 있다.

중국 공무원들 역시 비즈니스 마인드로 무장되어 있기는 마찬가지다. 최근에 와서 중국 정부가 외국 기업에 대해 각종 환경·노동 규제를 강화하려는 움직임을 보이고 있기는 하지만, 그동안 중국에 진

   ● 너의 꿈을 대한민국에 가두지 마라 ●

출해 있던 외국 기업체 임직원들은 중국 공무원들의 서비스 정신이 매우 인상적이며 기대 이상이라고 말하는 경우가 많다.

싱가포르와 중국 같은 나라들이 외국 기업의 투자 유치를 위해 이토록 적극적으로 뛰는 이유는 별다른 것이 아니다. 그로 인해 많은 수익과 일자리가 창출되기 때문이다. 그것이 그들 국가의 경쟁력 강화에 도움이 되기 때문이다.

이제 우리의 목표는 성장률이 아니다. 그런 것은 저개발 국가에서나 통할 법한 성과 지표이다. 세계 유수의 기업과 인재들이 자유로이 드나들며 정보와 자본이 모이는 곳, 그래서 외국에 나가지 않아도 글로벌 인재들이 스스로 성장하는 나라가 되어야 한다.

그러자면 법과 규정을 올바로 세우되 불필요한 간섭을 가차없이 줄이는 것은 기본 중에서도 기본이지만 우리에게 너무나 부족한 요소이다. 공공 조직이 이를 먼저 바로 세우고 '성과'를 내줘야 한다.

거듭 말하지만 대한민국은 안으로 비대한 나라가 되어서는 아무런 희망도 없다. 그래서는 초선진국인 일본과 거대한 제조업 기지인 중국 사이에 끼어서 희망과 비전을 잃어버리는, 산업화 시절의 유망주로 끝날 수밖에 없다. 기업은 변했다. 이제 바깥을 향해 열린, 날렵한 공공 조직이야말로 글로벌 세계를 향한 대한민국의 날개가 되어 주어야 한다.

다음 10년의 희망은 어쩌면 기업보다 공공 조직의 혁신과 변화에 달려 있는지도 모른다.

6장

내일의 주인공들에게

내 인생의 주인은 '나'다

20대와 30대는 다음 10년이 지나고 나면 이 사회의 명실상부한 핵심이 될 사람들이다. 나는 그 사람들을 위해 몇 가지 이야기를 꼭 해 주고 싶다.

20대와 30대는 사회적으로도 젊은 세대이다. 일을 배우고, 기술을 갈고 닦아 가는 시점에 있는 사람들이다. 40대나 50대가 10년 혹은 20년을 피땀 흘려 얻은 돈과 노련미로 살아간다면 20대나 30대는 몸과 패기로 승부하는 사람들이다.

젊어 고생은 사서도 한다는 말이 괜히 나온 게 아니다. 이 시절에 얼마나 밭을 잘 갈아 놓느냐, 혹은 떡밥을 잘 뿌려 놓느냐에 따라 이후의 수확과 결실이 달라진다. 밭 깊게 갈고 떡밥 넉넉히 뿌리자면 몸과 마음에 수고가 따르는 것이 삶의 자연스러운 이치다.

기왕이면 다홍치마라고 '제대로' 고생해서 좋은 열매를 거둬야 할 터인데, 다들 '어떻게 고생해야' 좋을지 몰라서 방황한다. 특히 사회나 경제, 국제 정세가 크게 격동하면 이런 고민이 깊어질 수밖에 없다.

운이 따라 줘서 그 시절을 남보다 더 알차게 보내는 사람들도 있다. 나 또한 살면서 여러 번의 행운을 만났다. 미국 유학을 갔던 것, 화학 분야를 택했던 것, 듀폰에 입사했던 것, 갑작스러운 엔고 등 따져 보면 내 인생은 온통 행운의 연속이었던 것 같다. 하지만 행운만으로 인생이 풀리는 경우는 없다. 때론 복권 당첨으로 불행에 빠지는 경우처럼 행운은 불운의 시작이 되기도 한다. 중요한 것은 결국 그 사람의 태도와 전략이 아닐까 싶다.

젊은 시절엔 산다는 게 꼭 코끼리 다리를 만지는 장님의 심정처럼 막막하기 쉽다. 어떤 일관된 태도나 전략을 갖고 산다기보다 이리 방황하고 저리 헤매는 게 보통 젊은이들의 모습이다. 때론 도가 지나쳐 술 많이 먹고 혈기를 주체 못 해 갖은 객기를 부리는 게 사람의 20대다. 하지만 그런 방황도 알고 보면 모색이요 고민이 아닐까. 젊은 시절에 다 필요하니까 그렇게 방황하는 것이라고 나는 생각한다.

나 자신도 사실 적잖이 방황했다. 지금이야 듀폰의 글로벌 리더가 되어서 이런 글까지 써서 남 보란 듯이 책도 펴낼 수 있게 되었지만, 젊은 시절의 고비고비마다 다른 선택을 했다면 그저 마음씨 좋은 회사원으로 인생을 마칠 수도 있었다. 미국 유학을 가서도 힘들고 외롭다고 미국에서 도망쳐 나와 부모님의 품으로 돌아왔을 수도 있다. 다우케미컬의 상사가 두 번 정도 승진할 거라고 말했을 때 '동양인이다 그렇지'라며 체념했을지도 모른다. 나도 그저 내 상자 안에 머물 수도 있었다.

인생은 태어나면서 정해진 루트를 따라가는 기차 여행이 아니다. 그보다는 자기가 정한 길로 손수 운전을 하며 달리는 것이라는 게 옳은 표현일 것이다. 길이 아닌 곳을 무턱대고 갈 수는 없어도, 여러 갈래 길 중에서 선택할 수는 있다. 내 인생의 주인은 바로 '나'인 것이다. 젊은 독자들이 좋은 길을 선택하는 데 조금이나마 도움이 되었으면 하는 마음에서 몇 가지 조언을 해 본다.

꼭 한번쯤은
확실하게
깨져 봐라

젊은 시절에 전국 일주나 세계 여행을 해 본 사람들은 그 경험이 귀중한 인생 밑천이 되었다고들 말한다. 돈도 없고, 정말 죽도록 고생만 했어도 그때 생각만 하면 몸에서 힘이 불끈 솟고 마음에서 의욕이 다시 솟구친다고 한다.

"그때처럼만 살면 될 것 같다!"

인생의 해답이란 게 어쩌면 이 말 하나에 담겨 있을지도 모르겠다. 나도 캘리포니아 사막의 토마토 밭에서 일하던 시절처럼만 살면 뭐든 해낼 수 있을 것 같았다.

젊은 시절에 몸으로 부딪쳐 가며 고생한 것은 좀처럼 잊히질 않는 법이다. 마치 껍질을 깨고 나온 어린 새가 처음 보는 것을 제 어미라고 여기는 '각인(imprinting)' 현상처럼, 처음 해 본 고생 체험은 우리의 몸과 마음에 생생하게 남는다.

꼭 전국 일주나 해외여행 같은 것만 남는 게 아니다. 대학 생활, 유학 생활, 사회 초년병 시절, 군대 체험, 출산과 육아 등등 사람들은 뭔가 하나쯤은 고생 체험을 갖고 있다. 바로 이런 체험의 순간이 곧 우리를 가둬 놓은 상자가 깨지는 순간이다. 어떤 일에서건 크게 한 번 고생을 하고 나면 그 후론 웬만한 일은 고생으로 느껴지지도 않는다. 인생의 한계 자체에 대한 생각마저도 완전히 바뀐다. 인생에 멋진 날개를 달게 되는 것이다.

내 친구의 아들 중에는 세계 곳곳의 뒷골목 여행을 즐기는 20대 젊은이가 있다. 그는 절대로 남들이 몰려다니는 관광 명소를 찾지 않는다. 남들이 안 가는 곳, 우리로 치자면 주택가 깊은 곳이나 직장인들이 찾는 식당가, 주점 골목, 먹자골목 등만을 골라 다닌다.

그는 또한 혼자서 다닌다. 마음껏 고생을 해 보기 위해서이다. 숙소도 아주 싼 곳만 골라 다니기 때문에 몸은 힘들어도 돈은 많이 들지 않는다. 이렇게 다니는 이유는, 관광지에는 보여 주기 위해 꾸민 것들이 있을 뿐 '진짜배기 삶'이 없기 때문이다.

다니기 편리하고 재미나 추억은 있지만 관광지는 관광지일 뿐이다. 우리만 해도 창경궁이나 경복궁에서처럼 살지 않는다. 피라미드, 에펠 탑, 천안문은 상징물일 뿐이다. 우리는 설렁탕과 김치찌개를 먹고 만원 전철과 교통 체증 속에서 산다. 닭갈비나 삼겹살에 소주를 즐기고 노래방에서 노래를 부른다. 우리의 삶도 이것과 마찬가지가 아닐까?

겉보기 번드르르하고 그럴듯하게 20대를 보내는 사람도 있지만 그런 것만이 '멋진 삶'은 아니다. 오히려 삶의 깊은 곳을 파고들어 이리 부딪치고 저리 부딪치며 헤쳐 온 경험이 40대, 50대에 가면 진가를 발휘하는 법이다. 그래서 젊어서 고생은 사서도 한다는 말이 있는 것이다.

인생이란 합리적으로만 풀리지 않는다. 20대의 알렉산더 대왕은 고르디우스의 매듭을 푸는 자가 아시아를 지배한다는 이야기를 듣고 아무도 풀지 못하던 매듭을 단칼에 베어 버렸다. 그리고 그는 결국 아시아를 지배했다. 젊은이에겐 그런 패기가 있어야 한다. 크게 깨져 본 사람이 성공도 크게 할 수 있는 법이다. 실패를 딛고 일어선 패기는 평생을 끌어 갈 에너지가 된다.

나 역시 젊은 시절부터 나 자신을 가둬 놓은 상자가 깨지는 것을 마다하지 않았다. 이왕 깨는 거 확실하게 깨는 쪽을 선택했다. 일단 몇 번을 그렇게 해 놓고 나니 나의 세계는 넓어지고 그 경험은 자산이 되었다. 돈이야 도둑놈이 훔쳐 갈 수 있지만 이런 자산은 누구도 훔쳐 가지 못한다.

젊은 시절에 자신의 한계를 두려움 없이 시험해 보라. 한계선이 눈앞에 닥쳐온 이유는 딱 하나, 내가 성장해야 할 때가 되었기 때문이다. 애벌레가 나비가 되기 위해서는 탈피를 해서 낡은 껍질을 벗어 버려야 하듯, 나의 내적인 에너지가 쌓이고 사회적인 입지가 변하여 더 '큰 나'로 자라야 할 시기가 닥쳤기 때문에 현실에 한계가 느껴지는 것이다.

사회 초년병일 때를 생각해 보자. 신입 사원으로 막 입사하면, 회사의 구조나 선배들의 노하우, 상품, 고객 등이 모두 새롭고 대단해

   ● 너의 꿈을 대한민국에 가두지 마라 ●

보인다. 하지만 1년에서 3년만 지나 보면 이도 저도 다 심드렁해진다. 자기 자신이 커 버렸기 때문이다. 내적인 에너지를 방치하지 말고 잘 응축했다가 자신을 가로막은 상자를 쾅 깨 줘야 쑥 클 수 있다.

어떨 때는 원하지도 않았는데 우연찮게 깨져야 할 상황에 몰리기도 한다. 인생살이, 세상살이가 나 자신의 처지와 마음 상태를 섬세하게 배려해 주면 오죽 좋을까. 하지만 그런 걸 기대하는 건 A급 태풍이 부는데 내 집만 무사하기를 바라는 '특혜 의식'에 불과하다.

대부분의 사람들은 상자를 깨고 밖으로 나와야 할 상황에서 이러지도 저러지도 못하고 전전긍긍하며 큰 스트레스를 받는다. 상자를 깨는 고통과, 용기를 못 내어 노심초사하는 고통을 비교해 보면 별 차이가 없다. 전자의 경우는 투자다. 후자의 경우는 낭비다.

한 번에 제값 주고 좋은 물건 사서 오래 쓰는 방법이 있고, 매번 싸구려 물건을 사서 잠시 쓰다가 버리고 또 사는 길이 있을 것이다. 인생의 선택은 전자이어야 하지 않을까? 물건도 오래 쓸 것이라면 좀 비싸더라도 제대로 된 제품을 사 두는 것이 좋다. 인생도 마찬가지인 것 같다. 젊은 시절에 온몸을 내던져서 자신의 한계를 시험해 볼 필요가 있다.

명품 인생을 살 것이냐 싸구려 인생을 전전할 것이냐. 그것은 상자 안에 숨느냐 그것을 깨고 나아가느냐에 달려 있다.

돈 벌 궁리보다 제대로 일 배울 궁리를 하라

요즘은 젊은 나이에 부자가 되려는 풍조가 있다. 누구는 서른 살에 천만 원으로 몇백억을 벌었느니 하는 얘기가 심심치 않게 들린다. 돈을 버는 것은 나쁜 일이 아니지만 돈을 인생 최대의 목표로 좇아가는 일은 헛되고 위험한 일이다.

기업 경영을 하다 보니, 사업에 성공하고 그것을 오래 유지하려면 충분한 준비가 필요하다는 걸 뼈저리게 깨닫게 되었다. 사람도 마찬가지다. 젊어서 부자 될 수 있는 것은 극소수의 운 좋은 사람들 이야기다. 돈을 목표로 하지 말고 일단은 차곡차곡 실력을 쌓으려고 노력해야 한다. 일에 성공하면 돈은 어느 정도는 자연스럽게 따라온다.

일은 사람이 구체적으로 성장할 수 있는 최고의 기회이다. 인간 성장의 8할은 일을 통해 이뤄진다. 나는 일단 맡은 일은 죽이 되건 밥이 되건 끝까지 달라붙었다. 결과를 내야 하기 때문이다. 깨져도 아무 문제 될 것이 없다는 자세로 하다 보니 오히려 내 커리어를 지키는 결과가 되었다. 듀폰에서도 인재 교육의 70퍼센트는 자신의 직무를 통해 이루어진다.

일은 어떻게 해야 잘하는 것일까? 나는 딱 두 가지를 본다. 우선 끝장을 보는 것이요 다음으로는 올바른 방법으로 해내는 것이다. 이런 태도는 세 살 버릇 여든 간다고 젊은 시절에 몸에 배도록 거듭 훈련을 해 둬야 한다.

끝장을 보는 태도는 다시 말해 최선을 다해 목표를 달성하겠다는 자세이다. 나처럼 기업의 핵심 파트를 총괄적으로 책임지는 사람은 수익률이 목표다. 하지만 젊은 사람들은 그렇지 않다. 자기 자신에 대한 목표가 있어야 한다. 작게는 완성도 있는 기획서를 쓰는 일에서 어떠어떠한 사람이 되겠다는 커다란 목표에 이르기까지, 남이 정해 주는 목표가 아니라 스스로 정하고 그것을 위해 노력하는 목표가 있어야 한다. 작은 목표라도 끝장을 보겠다는 자세로 임하면 내가 성장하는 것은 물론이고 좋은 기회가 찾아온다.

복사하는 일로 시작해 외국계 회사의 임원이 된 여성에 대한 기사를 읽은 적이 있다. 그는 지방 대학을 졸업하고 회사에 취직해 첫 업무로 복사일을 맡게 되었는데, 깨끗하게 복사를 하기 위해 복사할 때마다 유리판과 뚜껑 안쪽을 약품과 걸레로 닦았다고 한다. 복사에서만은 누구도 따라올 수 없도록 하겠다는 목표가 있었기 때문이다. 한번은 다음 날까지 서류를 복사하라는 지시를 받았는데 야근 중에 복사기가 고장 났다. 그는 복사기 업체의 비상 연락망을 통해 수리 담당 직원을 찾아내 애걸복걸한 끝에 심야 수리를 했고 정해진 시간까지 복사를 마쳤다. 이 소문이 사장의 귀에 들어가 좋은 부서로 발령받은 것이 승진의 시작이었다고 한다. 그가 사장의 눈에 띈 것은 결코 우연이 아니다. 그 사람은 아마 그런 일이 아니었어도 언젠가는 출세를 했을 것이다. 일에 대한 그의 목표와 자세 때문이다.

앞에서도 말한 바와 같이 나는 1987년에 듀폰에 입사하자마자 맡았던 이산화티타늄 공장 유치 프로젝트에 실패함으로써 알토란 같은 공장을 내 조국이 아니라 타이완에 넘겨줘야 했다. 목표 달성에 실패한 것이다. 하지만 나는 그 일에 내 모든 것을 걸고 최선을 다했고 비록 원하던 목표는 이루지 못했지만 그 대신 더 소중한 것을 얻었다. 협상과 설득, 적대자를 상대하는 법 등 예전이라면 꿈도 못 꿀 고급 스킬을 체득했다.

돈이나 승진을 원하지 않는 사람은 없다. 결과는 중요하다. 하지만 눈앞의 결과만 바라보며 살다 보면 아무리 애를 써도 그것을 얻지 못하는 게 세상살이의 아이러니다. 돈을 좇으면 돈이 달아난다는 부자들의 말이 그래서 나온 것이다. 좀 더 크고 높은 목표를 갖고 차근차근, 확실하게 하나씩 챙겨야 한다. 시키는 일만 하지 말고, 상사가 아닌 나의 미래를 위해 나만의 최고치를 달성해야 하는 것이다.

일의 끝장을 보는 것 못지않게 중요한 것이 올바른 방법으로 일하는 것이다. 수단 방법 안 가리고 원하는 것만 얻으면 그만이라는 태도로는 '대명천지'에 살아남기 힘들다. 워낙 경쟁이 치열해지고, 법과 윤리가 글로벌 스탠더드에 맞춰지는 추세인지라 불법과 윤리에 어긋나는 행위는 점점 발을 붙이기도 어려워질 것임을 명심해야 한다. 어렵더라도 젊어서부터 바른 방법과 바른 태도로 성과를 달성하는 법을 몸에 익혀야 한다.

그러자면 먼저 자기 분야에 대한 자신만의 철학을 갖출 필요가 있다. 나는 산업이 인간을 살리고 자연을 살리는 것이어야 한다고 믿는다. 나의 이런 철학은 다우케미컬에서 처음 일을 배울 때 시작되었다. 나는 다우케미컬에서 확실하게 일을 배웠다. 다우케미컬은 제조 분야에서 탁월한 회사다. 거기서 기술도 배웠지만 안전의 철학을 몸에 익혔다.

우리나라는 1980년대 초만 해도 안전에 대한 의식이 철저하지 못했다. 그런 환경에서 안전에 대한 내 철학을 고수하느라 직원들과 다투기도 많이 다투고 직원을 해고한 적까지 있었다. 그래서 나는 안전에 관한 한 호랑이보다도 무서운 상사로 알려져 있었다.

여천에서 공장을 막 짓고 처음 돌릴 때, 직속 부하 하나가 일을 쉽게 하려고 자격증도 없이 포크리프트를 운전하다가 사고로 오른쪽 다리를 다친 적이 있다. 커브를 돌다가 포크리프트가 휘청했던 것이다. 20대 중반의 활달한 친구로 인간적이고 의리 있는 사람이었다. 사고 소식을 듣자마자 병원으로 달려갔더니 무릎 밑으로 다리가 거무튀튀하게 죽어 가는 게 보였다. 그런데 아파서 다 죽어 가던 친구가 나를 보자마자 "잘못했습니다."라고 빌었다.

의사는 다리의 신경이 다 죽어서 절단할 수밖에 없다고 했다. 결혼해서 얼마 안 되었을 때였는데, 정말 안타까웠다. 그 사건으로 그 친구는 인생이 변했다. 나의 추천으로 안전 관련 부서에서 일을 하다가 후에 노조 운동에 투신했다. 지금도 그 사건을 생각하면, 내가 조금 더 신경 쓰고 교육했더라면 한 사람의 인생이 저렇게 바뀌지 않았을 텐데, 하는 죄책감과 후회를 느낀다.

안전은 평상시에는 느끼지 못하다가 사고가 난 후에야 그 중요성을 깨닫는다. 그래서 평상시에 안전에 대한 철저한 환경을 조성하는 것이 필요하다. 그런 것들이 선진국과 후진국을 가른다. 선진국과 후진국의 차이는 안전, 환경에 대한 인식에서 비롯된다.

바르게 일하다 보면 처음엔 느리다는 생각이 든다. 하지만 꼭 그렇지만도 않다. 인생의 단위를 10년으로 바꿔서 생각해 본다면, 바르게 일하는 것이 빠른 길이다.

인생의
멘토를
가져라

사람은 저 혼자 잘나서는 인정받을 수 없는 존재이다. 제아무리 크게 성공한 사람도 다 받쳐 주고 끌어 주고 도움 주고 지켜 주는 분들이 있어서 그 자리에 오른 것이다. 그래서 사람은 늘 겸손하고 감사하는 마음으로 살아야 한다.

겸손하고 감사하는 마음을 넘어, 자신을 도와주는 분들에게 배움까지 얻는디면 그야말로 금상첨화이다. 아무리 잘난 사람도 세상 모든 것을 혼자서 꿰뚫어 볼 수는 없고, 아무리 탁월한 위인도 인생의 모든 난관을 혼자서 돌파할 수는 없다. 아니, 진실로 탁월한 사람이란 어쩌면 더 많은 사람에게 '배움'을 청하는 사람이 아닐까.

이처럼 마음에서 배움을 청할 수 있는 사람, 그런 사람을 일컬어 우리나라에서는 스승이라 하고 서양에서는 멘토라고 부른다.

우리에겐 대단한 독불장군의 이미지로 각인된 GE 전 회장 잭 웰치도 어머니가 평생의 마음의 스승이었다고 한다. 나도 인생의 고비마다 훌륭한 마음의 스승을 만났기에 올바른 선택을 내릴 수 있었다. 돌아가신 부모님께도 배움을 청하고, 곁에서 나를 늘 지켜 준 아내에게도 배움을 얻을 수 있었다. 때로는 듀폰의 젊은 사원들이 나의 스승이자 멘토가 되어 주기도 한다.

살다 보면 자신도 모르게 외골수가 되어 문제를 좁게만 바라볼 때가 있고, 반대로 너무 두루뭉술하게 뭐가 문제인지도 모르고 넘어갈 때도 있다. 이럴 때마다 문제를 폭넓고 색다른 시각에서 바라보거나, 반대로 매우 날카롭게 핵심을 꼬집어 줄 사람이 곁에 있다면 얼마나 힘이 되겠는가.

내 첫 직장인 한미 합작 기업 한양화학의 미국인 사장 제리 맥코이 씨는 문제를 폭넓게 볼 줄 아는 경륜을 갖춘 분이었다. 나는 입사한 지 3개월 만에, 외국 유학 경험이 있다는 이유로 그의 비서로 발탁되었다.

내게 인복이 있는지, 제리는 나를 무척 아껴 주었다. 하지만 일 년이 지나자, 엔지니어 출신인 나에게는 비서일이 맞지 않는다는 사실을 깨달았다. 나는 제리에게 '박사 학위를 따러 미국 유학을 가고 싶다'며 퇴사하겠다는 뜻을 밝혔다. 그러자 제리가 대뜸 이렇게 물었다.

"D.S., 자네 박사 과정 마치고 나서 교수가 되고 싶나?"

"네? 아……, 사실 교수가 되고 싶다는 생각은 없습니다. 다시 회사로 오고 싶습니다."

그러자 제리는 확신에 찬 목소리로 말했다.

"그럼 박사 과정은 밟을 필요가 없네."

나는 할 말을 잃었다. 그는 인생 경험을 통해, 내가 단순히 '박사'라는 타이틀 자체에 대한 욕망으로 다시 유학을 떠나려 한다는 걸 간파했던 것이다. 더 고마운 것은, 제리가 그런 나를 이해하고 미국 휴스턴 남부 프리포트에 있는 다우케미컬 연구소의 연구원으로 보내 주었다는 사실이다.

제리 맥코이와는 반대로 듀폰의 뉴존슨빌 공장장이었던 밀러 씨는 문제를 날카롭게 짚어 준 사람이었다. 앞서도 얘기했지만 나는 미국에 도착해서 이것저것 차근차근 준비하겠다는 말로 서양인의 리더로 일해야 하는 것에 대한 두려움을 교묘히 은폐하고 있었다. 밀러 씨는 "Bull Shit!"이란 한마디로 모든 상황을 정리해 버렸다.

대부분의 사람들은 스승 혹은 멘토를 저 먼 곳이나 저 높은 곳에 있는 사람들이라고 생각하기 쉽다. 실상은 그렇지 않다. 자기가 솔직하게 마음을 열고, 귀를 열고, 마음가짐을 바로 한다면 누구에게서든 배움을 얻을 수 있다. 일본의 위대한 기업가인 마쓰시타 고노스케 선생은 거리의 수도꼭지를 보다가 위대한 기업의 바탕이 된 경영 철학을 얻었다지 않은가.

문제는 결국 자신의 마음이다. 사람의 마음은 의외로 고집스러워서 자신과 다른 생각을 잘 받아들이지 못한다. 한 달에 수백만 원 한다는 값비싼 멘토링도 내가 받아들일 수 있는 만큼만 값어치를 할 뿐이다.

사람이 보람찬 인생을 살자면 적어도 서너 명의 멘토는 있어야 한다고 본다. 나의 경우에는 기억나는 대로 꼽아 보면 예닐곱 분의 멘토가 있었던 것 같다.

뒤집어 보면 누군가의 스승 혹은 멘토가 될 수 있다는 것도 인생의 커다란 축복이다. 특히 자신의 가족에게 그럴 수 있다면 크나큰 행복이다. 지금은 미국에서 일하는 내 아들에게 나는 멘토 노릇을 할 수 있었으니 나도 축복받은 행복한 사람이 아닐까.

내 아들은 미국 시골에서 어린 시절을 보냈다. 처음 미국 학교에 다니게 되었을 때, 동급생들은 그때까지 거의 본 적 없는 유색 인종에다 영어도 잘 못하는 아이를 많이 놀리고 못살게 굴었다. 나는 아이들이 어릴 때부터 절대 싸우지 말라고 가르쳐 왔다. 아들은 매일 맞고 들어왔다.

그러던 어느 날, 중학교 1학년짜리 아들이 집에 들어와서 통곡을 했다.

"아빠, 학교 못 다니겠어요. 한 놈이 나를 너무 못살게 해요. 죽을 것 같아요. 영어가 안 돼서 따지지도 못하겠어요. 선생님한테 설명할 수도 없어요."

아들은 엉엉 목을 놓아 울었다. 결국 나는 학교를 직접 찾아갔다. 교장을 만나기 위해서였다. 교장은 50대 중반의 백인 여자였다. 두꺼운 안경을 끼고 있었다.

"내 아들이 괴롭힘을 심하게 당하는 것 같습니다. 이런 일이 있을 때 저는 어떡하면 좋겠습니까. 내가 저쪽 아이의 부모를 정중히 한번 만나 볼까요. 아니면 그 아이를 만나서 잘 지내라고 타일러 볼까요."

교장은 단호히 대답했다.

"그건 부모가 해결할 일이 아닙니다. 아이들이 직접 해결하게 그냥 둬야 합니다. 댁의 아이한테는 뭐라고 하셨습니까."

"저는 절대 폭력을 써선 안 된다고 지금껏 가르쳐 왔습니다."

교장이 미소를 지으며 답했다.

"제가 책임지겠습니다. 싸울 때는 싸우라고 하세요. 그게 최선의 방법입니다. 그 나이 때는 사실 싸워도 크게 다치지 않습니다. 서로 싸우기 시작하면, 귀찮아서라도 괴롭히는 일을 멈출지 모릅니다. 괴롭혀도 가만히 있으면 더 괴롭히려고 하는 게 아이들의 속성입니다."

나는 교장 선생의 말을 듣고 집에 와서 아들 방에 들어가 아들의 어깨에 손을 얹고 말했다.

"시영아, 앞으로는 싸울 일이 있으면 싸워라. 참고 맞지만 말고, 화가 나면 같이 덤벼 싸워라. 사람이 살면서 제일 안 좋은 게 두려워서 움츠러드는 거야. 맞고 깨져도 좋으니까 확실하게 부딪쳐 봐라."

말은 그렇게 했지만 걱정이 되어 속이 편치 않았다. 그런데 놀라운 일이 벌어졌다.

다음 날, 친구들이 또 내 아들을 괴롭혔다고 한다. 그래서 드디어 싸움이 붙었는데, 내 아들이 상대 친구의 얼굴을 발길로 한 번 후렸다고 한다. 태권도를 썼던 것이다. 미국에서 발을 높이 들어 싸우는 일은 흔치 않다. 그 후로 아이들은 내 아이를 무서워하게 되었다. 어떤 아이도 내 아들을 건드리지 않았다. 그리고 그다음 해에는 학급 대표로 뽑히기까지 했다.

스승 혹은 멘토가 있거나 누군가의 스승이나 멘토가 되는 것은 인
생의 큰 축복이다. 마음을 열고 사랑하고 존경하는 사람들에게 배움
을 청하기 바란다.

 ● 너의 꿈을 대한민국에 가두지 마라 ●

이루지 못할 것 같은 꿈과 열망을 가슴에 품어라

청년 시절, 나는 큰 꿈을 가진 사람이 아니었다. 첫 직장이었던 한양화학에 다닐 무렵만 해도 내 꿈은 고작해야 부장이었다. 그 회사의 부장은 정말 위대하고 대단해 보였다. 나에게도 그런 시절이 있었다.

내가 맡은 첫 번째 일도 참 황당했다. 사장이 나를 부르더니, 『월간 경제동향』이라는 정부 발행지가 순 한글로 나오는데, 상공부에서 차관보를 하다 나온 이철승 당시 사장이 읽기 불편해하니 어휘들을 한자로 고쳐 오라고 했다. 한자를 잘 모를뿐더러, 쓰는 것은 거의 그리는 수준이었던지라 신중진이란 고등학교 동창에게 술을 사 주면서 부탁했던 기억이 난다. 그게 내 회사 생활의 첫 임무였다.

그런 나에게 최고의 꿈은 부장이 되는 것이었다. 박정희 시절, 한양화학의 사장은 미국인이었고 중역들은 거의 다 군 장성 출신이었다. 그래서 '민간인' 출신인 나로서는 부장이 올라갈 수 있는 한계로 생각되었다. 게다가 부장한테는 작은 사무실이 따로 주어졌고, 부장 두 명에게 자동차 한 대와 기사 한 명을 붙여 주었기 때문에 당시의 나에게는 대단하게 생각되었다.

돌이켜 보면 그 시절의 나는 세상도 변하고 나도 변할 거라는 생각을 전혀 못 했던 것 같다. 뭐랄까, 동네의 작은 앞산만 바라보고, 그 너머에 구름을 뚫고 솟은 커다란 봉우리는 못 본 격이랄까. 나는 그저 열심히 일하는 게 좋았고 그렇게 일을 했을 뿐이다.

그랬던 내가 여기까지 올 수 있었던 것 자체가 어쩌면 신의 커다란 축복이요 행운인지도 모르겠다. 좋은 사람들을 많이 만났고, 좋은 조직에 소속했던 덕분에 눈이 트이고, 가능성을 엿보고, 큰 꿈을 가지게 되었다. 그리고 오늘의 자리에 올랐다. 하지만 이제 글로벌 시대를 살게 될 젊은이들은 처음부터 좀 더 큰 꿈, 큰 목표를 가지고 출발했으면 좋겠다. 그리고 그 꿈을 이루기 위해서 열심히 준비했으면 좋겠다.

사실 내가 20대였던 시절에는 우리 대한민국 사람들이 그렇게 대단한 성취를 꿈꿀 만한 여건이 못 되었다. 우리는 가난한 나라였고 세계사의 변두리에 박힌 약소국이었다. 그런 나라에서 태어나 큰 화학 기업에 취직까지 했으니, 내가 부장 자리를 한계로 생각한 것도 무리는 아니었다.

하지만 요즘 젊은이들에겐 차원이 다른 기회가 다가오고 있다. 4장에서 얘기했다시피 글로벌 성장의 엔진인 아시아의 잠재된 에너지가 폭발할 것이기 때문이다. 내가 "60 DAYS STUDY"라는 보고서를 쓰면서 아시아의 가능성을 역설하던 때만 해도 사람들은 모두 고개를 갸우뚱했지만, 지금 시점에서 보면 IMF 대환란기였던 그 무렵부터 이미 아시아 인들이 뭔가 크게 성취할 만한 시대가 열려 있었다는 걸 알 수 있다. 이제는 중국, 인도, 베트남, 동남아시아 전체에 기회가 널려 있다. 한국은 기회의 파도에 올라타고 포효하는 용이 되어야 할 것이다.

아마도 여러분의 기여로 인해 세계의 더 많은 사람들이 글로벌 세상의 혜택을 누리게 될 것이다. 판을 키우고, 꿈을 더 크게 키워도 전혀 문제 될 것 없는 상황이 펼쳐지고 있다.

이럴 때일수록 큰 꿈을 가진 사람이 크게 이루는 법이다. 우물 안에서 우물 사이즈만 생각하면 그 스케일로 살 수밖에 없지만, 바다에 뛰어들어 거대한 해류를 타면 지구적 스케일로 살아갈 수 있다.

나의 젊은 시절에는 글로벌 세계에 뛰어든다 해도 동양인에겐 기회의 한계가 있었다.

사실 듀폰에 처음 입사할 때도 공장장을 해 보겠다고 입사했다. 내스스로 한계를 그었던 것이다. 그러다 시간이 지나니 듀폰 코리아 사장 정도는 할 수 있겠다는 생각이 들었다. 그런데 그보다 더 높이 올라왔다.

돌아보면, 내가 더 큰 꿈을 갖고 하나 둘 준비를 했더라면 어땠을까 그런 생각도 든다. 살다 보니 사람에게 꿈이란 바로 앞에 보이는 산 정도다. 그 산을 오르면 더 높은 뒷산이 보이고, 그 뒷산을 넘으면 또 더 높은 뒷산이 보인다. 지금 여러분이 무슨 꿈을 꾸든지 간에 그것은 단지 작은 꿈이다. 나는 확신할 수 있다. 더 큰 꿈을 가지면, 더 빨리 그 꿈을 이룰 수 있다.

꿈이 크다는 것은 나쁜 것이 아니다. 아니, 젊은이들은 반드시 큰 꿈을 가져야 한다. 부에 대한 갈망, 지위에 대한 욕망, 그보다 더 크게, 세상을 바꿔 버리겠다는 희망을 가져야 한다. 그런 열망을 가진 사람들이 결국은 세상을 움직인다.

앤드루 카네기는 다 합해 4년밖에 학교를 다니지 않았다. 하지만 그는 위대한 사업가가 되었다. 학교 공부가 의미가 없다는 말이 아니다. 중요한 것은 자세라는 뜻이다. 글로벌 커뮤니티에 더 쉽게 접근할 수 있는 글로벌 중심지에서 학교를 다닌다 해도 자세가 틀렸다면 그는 결코 글로벌 인재로 성장할 수 없다. 반대로 '변방'에서 성장하고 일해 왔다 하더라도 제대로 된 자세를 갖추고 있다면 그는 훨씬 더 탁월한 글로벌 엘리트로 성장할 수 있다. 문제는 기회일 뿐인데, 그런 기회라는 건 준비하는 자에게는 반드시 걸려드는 물고기와 같다.

여러분이 어느 자리에 있건 상관없다. 큰 꿈을 가져야 한다. 그래야만 거대한 글로벌 기회의 파도 위에 올라탈 수 있다.

<h1>준비 없는
꿈은
공상에 불과하다</h1>

기회가 왔을 때, 가진 것이 없다고 한탄하는 것만큼 볼썽사나운 일도 없다. 미리미리 준비해 둬야 한다. 물론 그 준비가 다가온 기회와 100퍼센트 맞아떨어지는 것은 아니다. 언제나 정확히 맞아떨어진다면 그것은 신이지 인간이 아니다. 그러나 많이 준비해 두면 둘수록 기회를 딛고 일어설 가능성도 높아진다. 물론, 준비에는 시간과 노력이 든다. 그러니 미리미리 준비해야 한다.

준비 없는 꿈을 우리는 공상이라 부른다. 우리가 꿈을 이룰 기회를 놓치는 것도 시간이 남을 때마다 땀 흘려 뭔가를 준비하기보다는 다른 사람 탓을 하거나 신세 한탄을 하느라 인생을 낭비했기 때문이다.

준비되어 있지 않으면 기회나 행운 앞에서 오히려 큰 낭패를 당한다. 한국인은 닥치면 물불을 안 가리고 해내지만 일단 끝나면 잊어버리는 성향이 강하다. 국가 시스템이나 민족성이야 어쩔 수 없다지만 개인의 인생마저 그래서는 곤란하다. 우리는 지금까지 고지를 점령

하듯 무작정 달리는 데 익숙해져 있었다. 지금부터는 곤란하다. 스스로가 계획하고 체계를 갖추고 기초와 논리를 다질 수 있어야 한다.

물론 늘 강조하듯, 배움은 현장에서, 현업에서 가장 잘 이뤄진다. 예를 들어 리더로서 성공하기 위해서는 아주 작은 조직에서부터 리더십을 발휘할 수 있어야 한다. 어깨너머에서 뒷짐 지고 바라보는 것만으로는 리더가 될 수 없다. 나서서 경험하면서 배워야 한다.

나는 진정한 리더가 되고 싶었다. 그래서 나와 함께 일하는 근로자들의 세계에 깊이 파고들려고 애썼다.

인류의 역사도, 개인의 인생도, '계획대로' 다 되지는 않는다. 하지만 의식적으로 밀고 나가면 결국은 그 방향으로 가게 된다. 크게 생각하고 하나 둘 준비하는 사람과 닥쳐서 무조건 해 보겠다고 덤비는 사람의 차이가 한둘이겠는가?

내가 자주 그리곤 하는 개인 가치 곡선을 한번 생각해 보자. 우리는 '목표'라는 봉우리를 향해 올라가면서 거기 놓인 높은 오르막길을 보고 한숨을 내쉰다. 그 오르막을 피해 단숨에 쉽게 올라갈 길은 없는지 두리번거린다. 하지만 분명한 것은 한 걸음 한 걸음 다져진 바닥을 밟아 나가지 않고서는 절대 봉우리에 오를 수 없다는 것이다. 어떤 꿈이나 성과를 이루었을 때, 그 발밑에는 빙산의 물 아랫부분보다 더 크고 단단한 바닥이 다져져 있다. 그것들은 계속해서 나를 밀어 올리는 추진력이 되어 준다. 기본기를 다지고, 실력을 높이는 일을 게을리 하지 않아야 한다.

젊은 나이에는 기다리는 기회가 빨리 오지 않는다고 불만스럽게 생각하거나 포기해 버리지 말고 준비하며 차분하게 기다리는 것도 필요하다. 남들이 나보다 2~3년 앞서 가는 것 같아 초초하게 생각될 수 있지만 그 정도 차이는 길게 보면 언제든 뛰어넘을 수 있다.

1978년 9월, 3년간 미국 다우케미컬 연구소에서 근무한 나는 다시 다우케미컬 한국 지사로 발령을 받았다. 대리를 하다 미국으로 갔고, 돌아올 때는 과장 직급이 주어졌는데 무척 불만스러웠다. 물론 다른 과장들은 나보다 나이가 훨씬 많았지만, 나는 그들보다 더 많이 안다고 생각했다. 내 나이 서른한 살 때였다. 그때 나를 미국 연구소에 보내 주었던 미국인 사장 제리 맥코이 씨가 나를 불러 "한 걸음 후퇴할 줄 알아야 한다"고 충고했다. 그는 그 폭넓은 경륜에서 우러나오는 지혜로 늘 내게 좋은 조언을 해 주었다. 나는 지금도 그가 "개구리도 한 번 움츠려야 멀리 뛸 수 있다"고 나를 설득하던 모습을 잊을 수가 없다.

자기가 원하는 것을 한 번에 얻지 못하는 경우도 많다. 사람들은 반드시 앞으로만 나아가야 한다고 생각하는데, 그렇지 않다. 기초를 튼튼히 쌓기 위해서는 제자리걸음을 할 수도, 뒤로 물러날 수도 있다. 기초가 제대로 되어 있지 않을 때 실패할 가능성이 높다. 내가 늘 도전하고 진취적으로 생각하라는 것은 단기적인 승부가 아니라 더 길고 큰 승부를 바라보라는 뜻이다.

제리의 충고를 받아들여 과장으로 근무를 시작해 보니, 내가 우리 과에서 나이가 제일 적었다. 많이 안다고 생각했지만 그렇지만도 않았다. 나는 신중하고 예의 바르게 행동해서 다행히 모두에게 인정을 받았고 거기서 리더십을 배우기 시작했다. 지금 생각해 보면 내가 그때 더 높은 직급으로 발령받았다면 과연 다른 직원들과의 갭을 극복할 수 있었을까 싶다. 당시에는 그 정도가 내가 도전해서 잘해 낼 수 있는 한계였고, 좀 더 큰 리더십을 배우기 위한 발판으로 안성맞춤이었던 것 같다. 무리해서 큰 것을 얻어 내면 쉽게 무너질 위험이 크다. 올라가는 것이 전부는 아니다.

실제로 나는 20년이 지난 후에야 그와 같은 사실을 깨달았고 제리의 말을 실감했다. 때로는 쉬어 가거나 돌아가는 것이 필요하다는 것도 절실히 느꼈다. 젊을 때는 그런 지혜를 얻는 게 쉽지 않다. 이 글을 읽는 젊은이들이 조금이라도 더 인생의 진리에 다가설 수 있기를 바란다.

눈은 높은 곳을 향하되, 발은 허공을 향하지 말고 한 걸음 한 걸음 잘 다져 나가기 바란다.

몸과 마음의
건강을
유지하라

젊은 시절에 준비해 둬야 할 것 가운데 가장 간과하기 쉬운 것이 '건강'이다. 쇠도 씹어서 소화시킬 수 있다는 혈기 방장한 시절이니 '젊어서 건강을 챙기라'는 충고가 뒷방 노인네 잔소리처럼 들릴지도 모르겠다. 하지만 내가 이만큼 일을 할 수 있는 것도 다 체력이 뒷받침되었기 때문이라는 생각이 들기 때문에 하는 얘기다. 와 닿지 않을지 모르겠지만 참으로 중요하고 절실한 문제다.

내 지난 스케줄을 들여다보면 '이걸 내가 어떻게 다 소화했지?' 하는 생각이 들 때가 있다. 예를 들어 일주일 동안 오스트레일리아와 뉴질랜드 지역을 방문한 후 한국에 돌아와서 이틀 일하다가 다시 방콕에 가서 사흘, 돌아와서는 그길로 바로 지방 연수원, 다음다음 날 다시 일본에 가서 이틀……, 이런 스케줄이 두세 달씩 계속되는 경우가 많았다.

문제는 아무리 장시간 비행기를 타고 가도 가자마자 정상적인 컨

디션을 회복하고 업무에 몰두해야 한다는 것이다. 그게 내 일이고 직업이다. 아마 건강하지 못한 사람이라면 할 수 없을 것이다. 내가 지금 이 일을 할 수 있는 것은 젊을 때 건강을 다져 놨기 때문이다.

건강은 다시 말해, 우리가 일에 쏟아 부을 수 있는 양질의 에너지를 충분히 확보한 상태이다. 큰 꿈, 강한 열망도 중요하지만 그 열망을 받쳐 줄 몸과 마음의 건강이 없으면 헛된 희망에 불과하다.

나는 고등학교를 졸업하고 미국에 갔지만, 미국에서 초등학교부터 다닌 내 아이를 보면 미국은 교육 과정에서 스포츠를 무척 중요하게 생각하고 많은 시간을 할애한다. 아마 못해도 우리나라보다 서너 배는 더 많은 시간을 체육 활동에 쏟는 것 같다. 미국뿐이 아니다. 서구 대부분의 나라가 그렇게 하고 있고, 명문 대학들도 운동을 잘하는 학생을 환영한다.

그 이유가 뭐라고 생각하는가? 그만큼 건강과 체력이 우리의 삶에서 중요하다는 얘기다. 나는 우리나라에서 세계적인 학자가 많이 나오지 못하는 이유 중 하나도 공부 잘하는 아이들이 어렸을 때부터 너무 책상에 앉아서 공부만 하고 체력 단련을 소홀히 했기 때문이 아닌가 의심이 들 때가 있다. 연구 성과가 꽃을 피워야 할 중장년기에 왕성하게 연구하려면 엄청난 체력과 에너지가 요구될 테고, 젊은 시절부터 쌓아 온 건강이 뒷받침되어야 그걸 감당할 수 있을 테니까 말이다.

비즈니스도 마찬가지다. 몸이 건강해야 활기차고 밝은 얼굴로 사람들을 대하고 일에도 집중할 수 있다. 이 상식적인 얘기가 피부로

와 닿기 시작하는 것이 대개 마흔이 넘어서라는 데 문제가 있다. 체력이 달리고 여러 가지 증상이 나타나기 시작하면 몸은 이미 피폐해질 대로 피폐해진 후이기 십상이다.

젊은 시절부터 자신의 몸에 애정을 갖고 잘 보살펴 주어야 한다. 담배를 피우지 않고 과음하지 않는 것에서부터 틈틈이 운동을 하고 제때 균형 잡힌 식사를 하며 조금이라도 몸에 이상을 느끼면 병원을 찾는 일까지, 이런 기초적인 규칙을 잘 지키면 나이 들어서는 그렇게 생활하지 못한 사람과 큰 차이를 나타낼 것이다.

바빠서 운동할 시간을 찾기 힘들겠지만, 휴식과 운동은 에너지를 충전하기 위해서 반드시 필요하다. 수영, 달리기, 등산, 골프, 요가……, 무엇이든 상관없다. 내 몸과 취향에 맞는 운동을 선택하여 즐거운 마음으로, 규칙적으로 해야 한다.

너무 상투적인 얘기여서 지루할 수도 있겠지만, 일찍 자고 일찍 일어나는 습관도 들여야 한다. 한국 대기업 CEO들의 평균 기상 시간은 5시 54분이라는 보고를 본 적이 있다. 외국의 성공한 사람들의 자서전을 읽어 봐도 거의 예외가 없을 정도로 일찍 일어나 새벽 시간을 소중하게 활용한다. 이렇게 하자면 가능한 한 이른 시간에 잠자리에 들어야 하는데, 여건상 불가능하다고 말하는 사람이 많을 것이다. 술로 스트레스를 푼다고도 하는데, 글쎄, 나는 좀 의문이다. 사실 서구의 어느 나라를 봐도 밤 시간의 거리가 한국처럼 흥청거리는 경우는 찾기 힘들다. 다행인 것은 한국의 접대 문화나 직장인들의 음주 패턴이 조금씩 개선되어 간다는 점이다.

가족과 행복한 삶을 누리는 것도 몸과 마음의 건강에 큰 영향을 끼친다. 가족은 나의 삶을 지탱해 주는 가장 기초적인 '팀'이다. 팀원 모두가 한마음이고 행복해야 각자의 일에서도 최선을 다할 수 있다.

살다 보니 너무 당연하고 상투적이어서 흘려듣던 말이 인생의 진리임을 뼈저리게 느낀다. '건강한 신체에 건전한 정신이 깃든다', '건강을 잃으면 다 잃는 것이다', '건강은 건강할 때 지켜야 한다' 등등 건강에 관한 얘기가 특히 그렇다.

가장 소중한 것을 가장 소홀히 하는 어리석은 일은 없었으면 좋겠다.

에필로그

끊임없이 도전하여 글로벌 인재로 거듭나라

우리나라 사람들은 예로부터 글로벌 세계에 대해 뿌리 깊은 두려움을 가져 왔다. 이런 두려움 때문에 글로벌 세계와 정서적, 문화적으로 고립되어 있었던 적이 많다. 과거의 얘기라고 할지 모르지만, 나는 지금도 여전히 이 뿌리 깊은 두려움이 글로벌 인재 부족의 큰 원인이라고 생각한다.

잠시 아시아 태평양 지역의 다른 나라들을 생각해 보자.

우선 오스트레일리아나 뉴질랜드 사람들은 영국의 제국주의 경영을 포함한 오랜 글로벌 경험을 전수받으며 성장해 온 사람들이다. 오스트레일리아 하면 백호주의를 떠올리는 사람도 많다. 물론 과거에는 아시아계 이민을 제한한 것이 사실이고 스스로 영국적인 정체성을 강조하기도 했다. 그러나 1970년대 이후, 특히 IMF를 겪으면서 오스트레일리아는 자국이 아시아 태평양 지역에 속해 있음을 자각하여 개방 정책을 폈고, 지금은 전체 인구 중 4분의 1가량이 외국에서 출생한 이민자이다.

중국도 만만치 않다. 세계 최대의 인구에 막강한 화교 네트워크가 그들의 소중한 글로벌 자산이다. 이미 로마 시대부터 서양에 그 존재가 확실하게 알려져 있었고, 중국산 비단을 실어 나르며 동서양 문명의 교류에 생명줄 구실을 했다는 실크 로드는 바로 중국의 장안(長安)에서 시작된다. 명나라의 '정화'라는 사람은 콜럼버스보다 몇십 년 앞서 대규모 선단을 이끌고 중동과 아프리카까지 탐방할 정도였다. 그 덕분에 중국의 화교가 동남아시아 곳곳에 뿌리를 내렸다 하니 중국의 글로벌 역사가 얼마나 오래되었는지 미뤄 짐작할 수 있을 것이다. 중국은 덩샤오핑의 개혁·개방 정책 이후 냉전 시대의 소련을 뒤이어 미국과 경쟁할 수 있는 유일한 나라로 인식될 만큼 정치나 경제 양면에서 욱일승천의 기세로 뻗어 나가고 있다.

일본은 여전히 세계 2위, 아시아 1위의 경제 대국이다. 중국에 서서히 밀리고 있다지만 전통의 강호이다. 그들은 글로벌 역사도 오래되었다. 임진왜란 때 조선을 침략하면서 쓴 조총은 포르투갈의 상인들이 전해 준 것이며, 고흐와 같은 유명한 화가는 일본의 전통 그림에 매료되었을 정도였다고 한다. 난학(蘭學)이라고 해서 수백 년 전에 네덜란드와 교류하면서 유럽의 학문과 사상을 누구보다 먼저 받아들이기도 했다. 19세기 유럽은 일본 문화에 심취한 결과 '자포니즘'의 열풍이 불기도 했다. 이처럼 일본은 수백 년 전부터 서양과 교류해 왔던 터라 국제 사회에 구축해 놓은 글로벌 자산이 만만치 않다. 예를 들어 지난 2007년 한국인들이 탈레반에 납치되었을 때, 한국은 당사국임에도 외신에 소식을 의존할 수밖에 없었지만 일본은 기존에 구축해 놓은 현지 정보원을 통해 생생한 뉴스를 전할 수 있었다.

인도 역시 마찬가지다. 혜초 같은 스님들도 불법을 구하기 위해 찾아갈 정도로 문명의 중심지였다. 콜럼버스가 애초에 찾아가려 한 곳도 아메리카가 아니라 인도였다. 영국의 식민지로서 영연방의 일원이었다는 점도, 그들에게는 불행한 역사일지 모르겠으나 지금에 와서 인도가 글로벌 경쟁력을 갖는 데 커다란 플러스 요인임은 부인할 수 없다. 또한 친디아라는 신조어까지 만들어질 정도로 성장하는 시장이다. 세계 경제를 움직이는 힘의 축은 아무래도 성장세를 타는 시장에 쏠릴 수밖에 없다.

이렇게 역사적으로만 따져 보면 한국의 인재들은 아무래도 좀 불리하다. 글로벌화의 역사에서도, 국제적인 지명도에서도 그들에게 확실히 떨어진다(내가 경험한 바에 비추어 보아도 서양인 중에는 말레이시아나 타이, 베트남은 알아도 한국은 잘 모르는 사람이 많다). 국제 사회에서 수백 년 전부터 알려진 나라의 출신이라는 건 분명히 유리한 점이다. 외부인들이 알아준다는 것도 있지만, 스스로 느끼는 자부심도 만만치 않다. 냉정히 말해 한국사 공부로 글로벌 의식을 키우기는 힘들어도 중국이나 인도, 일본의 인재들은 자기네 역사를 공부하다 보면 자연스럽게 글로벌 세계를 생각할 수밖에 없다. 외국과의 교류가 그네들이 살아온 역사의 한 부분이기 때문이다.

반면 우리 민족의 근대화 역사는 침략과 수탈의 아픈 상처투성이였다. 대등한 교류나 주체적인 수용의 역사가 아니었던 것이다. 외국에 피해 의식이 있는 것이 당연한 일이다. 중국인은 되놈, 일본은 쪽발이, 미국은 양키, 러시아는 로스케로 부르는 것도 어찌 보면 글로벌 세계에 대한 두려움과 적개심 때문인지도 모른다. 게다가 50여 년 전에 우리 국토를 폐허로 만든 한국 전쟁도 따지고 보면 냉전이라는 강대국들의 힘 싸움에 휘말린 측면이 없지 않다. 그 역사 가운데 많은 부분이 그리 오래전이 아닌, 우리 증조할아버지나 할아버지, 아버지 시절의 이야기이다. 산업화 세대의 상당수는 이런 분들에게 이야기를 듣고 자랐고, 나 또한 어린 시절에 아버지에게 그런 이야기를 참 많이 들었다.

우리나라 기업인들을 만나다 보면, 깜짝 놀랄 만큼 폐쇄적인 민족주의 성향을 보이는 사람이 많은데, 아무래도 역사의 곡절을 몸으로 겪었거나 간접적으로 전해 들은 게 있어서 그런 것이지 싶다.

물론 이토록 외부의 핍박에 시달렸던 경험 때문에 우리 한국인이 강한 기질을 갖게 되었는지도 모르겠다. 세계사에 유례가 없을 정도로 빠른 산업화도 하루빨리 가난에서 벗어나야 다시는 나라를 잃지 않는다는 강박 관념 때문에 가능했던 것은 아닐지. 산업화의 지도자인 박정희 역시 100여 년에 걸친 한국인의 응어리를 가슴에 품은 사람이었다고 생각한다.

글로벌 세계와 정서적, 문화적으로 고립된 문제는 다행스럽게도 조금씩 풀려 가기는 한다. 무엇보다 경제 성장으로 나라에 대한 자긍

심이 적잖이 높아졌기 때문이다. 다만 아직은 만족스러운 수준이 아니다.

뉴스에서는 때만 되면 여행 수지나 교육 수지가 적자가 나서 무역 흑자를 까먹는다고 타박을 한다. 하지만 나는 너른 바깥세상을 경험하는 것은 글로벌 경쟁력을 키우기 위한 투자라고 생각한다. 더 많은 경험을 쌓은 글로벌 인재가 육성되기를 바라는 마음이다.

가장 중요한 것은 멈추지 않는 것이다. 천천히, 꾸준히, 한결같은 자세로 나아가는 것이다. 우리는 글로벌 세계에 발을 막 내디디는 청년이다. 청년은 본디 실수가 많지만 패기와 도전 정신으로 버티는 존재이다. 글로벌 도전은 새로운 과제이기 때문에 앞으로도 많은 시행착오와 실패 사례가 생길 것이다. 상자 바깥으로 나왔으니 그런 시련은 감내해야 한다. 돌아가는 것은 후퇴다. 우리 한국인 모두가 고통을 투자로 받아들이는 진취적인 자세를 가져 주기를 소망한다.

"Break the Box!"